De los fundadores de A

Jim VandeHei | Mike All

El método
Smart
Brevity

«Si transmitir tu mensaje es esencial, adopta
este método eficaz.» Arianna Huffington,
fundadora y CEO de Thrive Global

EL
PODER DE
COMUNICAR
MÁS
CON
MENOS

DOMINA
EL ARTE DE LA
BREVEDAD
PASO
A PASO

KŌAN

© Ediciones Koan, S.L., 2023
c/ Mar Tirrena, 5, 08912 Badalona
www.koanlibros.com • info@koanlibros.com

Título original: *Smart Brevity: The Power of Saying More with Less*
© Workman, un sello de Workman Publishing Co., Inc.,
una filial de Hachette Book Group, Inc.
Texto e ilustraciones © Axios Media Inc. 2022
Traducción © Marta García, 2023
Fotografía © Getty Images y los respectivos fotógrafos
Fotografía de los autores © Axios Media Inc.
Ilustradores:
Aïda Amer (pp. 11, 42, 72, 80, 104, 112, 128, 143, 148, 166, 172, 188, 206)
Rae Cook (pp. 130, 134, 150, 154, 158, 165, 192, 215)
Sarah Grillo (pp. iv, 1, 3, 18, 34, 56, 64, 74, 88, 96, 138, 156, 182, 185, 186, 198, 216)
Megan Robinson (pp. 6, 14, 16, 26, 38, 49, 50, 59, 71, 76, 82, 91, 108, 115, 117, 120)

ISBN: 978-84-18223-93-8 • Depósito legal: B-3921-2024
Diseño de cubierta: Paul Sahre
Diseño de interior: Lisa Hollander
Maquetación: Cuqui Puig
Impresión y encuadernación: Imprenta Mundo
Impreso en España / *Printed in Spain*

Smart Brevity® es una marca registrada de Axios Media Inc.

1ª edición, marzo de 2024

Contenido

PARTE 3
EL MÉTODO SMART BREVITY EN ACCIÓN

Neblina de palabras

RECUENTO:

| 1.059 PALABRAS | 3 ½ MINUTOS |

Neblina de palabras

Nunca en la historia de la humanidad se han pronunciado más palabras en más lugares y a mayor velocidad.

POR QUÉ ES IMPORTANTE: Este fenómeno nuevo y agotador ha invadido nuestras bandejas de entrada, ha paralizado lugares de trabajo, nos ha desordenado la mente y nos ha inspirado a crear el método Smart Brevity... y a escribir este libro.

Di la verdad: eres prisionero de las palabras. Las escribes. Las lees. Las escuchas.

- Palabras por Slack. Por correo electrónico. Tweet. SMS. Notas. Palabras que cuentan historias. Palabras, palabras y más palabras.

- Siempre estamos absortos en nuestras pantallas, constantemente escuchando, viendo y leyendo, siempre hambrientos de más palabras.

Esto nos agota mentalmente. Lo sentimos y lo notamos a diario. Estamos más dispersos, impacientes, inundados. Hacemos *scroll*. Leemos por encima. Hacemos clic en cosas. Las compartimos.

- Hay estudios de seguimiento ocular que muestran que pasamos 26 segundos de media leyendo un texto.

- Y menos de 15 segundos en la mayoría de las páginas web que visitamos. Aquí otra estadística increíble: en un estudio se descubrió que nuestro cerebro decide en 17 milisegundos si nos gusta aquello en lo que acabamos de hacer clic. En caso negativo, salimos de ahí volando.

- Compartimos la mayoría de las historias sin molestarnos en leerlas.

Después esperamos, inquietos, la gratificación instantánea o algo más: una risa, una provocación, una perla entre las noticias, una conexión, un «me gusta», el hecho de que alguien lo comparta, lo retuitee, o lo ponga en Snapchat. Esto provoca que cada vez nos cueste más concentrarnos, resistirnos a mirar el móvil, leer detenidamente, recordar cosas o fijarnos en lo que importa.

- Miramos el móvil más de 344 veces al día (una vez cada 4 minutos, como mínimo). Los estudios sobre el comportamiento (y nuestros propios detectores de mentiras) muestran que ocultamos nuestro verdadero uso.

- Escaneamos, no leemos, casi todo lo que aparece de repente en nuestras pantallas.

- En general, alimentamos una adicción por descargas de dopamina procedentes de más mensajes de texto, tuits, búsquedas en Google, Buzz, Slacks, vídeos, *posts*. Clic. Clic. Clic...

QUÉ NOS DICEN LA CIENCIA Y LOS DATOS:
Hoy en día hay pocas pruebas de que este comportamiento
esté reprogramando nuestro cerebro adulto. De hecho, siempre hemos tenido tendencia a distraernos. Lo que ocurre es
que ahora estamos sometidos a un flujo constante de distracciones.

- Dos factores juegan en nuestra contra: a la mayoría
nos resulta muy difícil el *multitasking*, y nos cuesta
volvernos a concentrar después de habernos distraído.
Y, en general, necesitamos más de 20 minutos para recuperar la concentración después de una distracción.

- No es de extrañar que las viejas formas de comunicación resulten ineficaces en medio de este caos constante.

LA VISIÓN MACRO: Estamos inmersos en ruido y
trivialidades la mayor parte de las horas que estamos despiertos. Y al ir a dormir, nos movemos intranquilos en la cama. Es
la locura de la mente moderna.

Esta creciente «neblina de palabras» tiene dos causas básicas: la tecnología y nuestros malos hábitos, muy difíciles de
corregir.

1. Con Internet y los teléfonos inteligentes, todo el mundo
puede decir y ver todo, gratis, al instante y en cualquier momento. Todos tenemos acceso a Facebook, Google, Twitter,
Snapchat y TikTok. Y lo aprovechamos al máximo.

Podemos compartir cada uno nuestros pensamientos.
Nuestros éxitos y decepciones. Podemos buscar algo en Google cuando tenemos dudas. O ver un vídeo sobre cualquier
tema en cualquier momento.

2. Y, sin embargo, nuestros correos electrónicos, cartas, artículos y libros tienen el mismo aspecto que en los años ochenta. Aunque somos conscientes de que tenemos menos tiempo, más oportunidades y más fuentes de distracción, seguimos utilizando la misma cantidad de palabras. Si no más. Y así ha sido durante siglos.

Esto no es nuevo. Ya en 1871, Mark Twain le confesó a un amigo: «No tenía tiempo de escribirte una carta corta, por eso te he escrito una larga».

- Todo el mundo lo hace. Fingimos que somos listos (o presumimos de nuestra inteligencia) mediante el uso excesivo de palabras. Lo vemos en el trabajo, en los mensajes de correo electrónico personales, en los medios de comunicación profesionales.

- Nos enseñan que la longitud equivale a profundidad e importancia. Los profesores asignan trabajos según la cantidad de palabras o el número de páginas. Los artículos largos de las revistas transmiten seriedad. Cuanto más grueso sea el libro, más listo es el autor.

- La tecnología ha convertido esta obsesión por la longitud en un problema recurrente que nos hace perder mucho tiempo.

¿Y el resultado? Miles de millones de palabras desperdiciadas:

- Alrededor de una tercera parte de los mensajes de correo electrónico de trabajo que requieren atención no se leen.

- Los artículos se leen por encima.

- Capítulos enteros de libros son ignorados.

Neblina
de palabras

Ninguna organización escapa a esta tendencia. Nunca ha sido más difícil que ahora conseguir que la gente se concentre en lo que más importa.

- El teletrabajo ha convertido las comunicaciones en un punto débil y en una realidad crítica para empresas, directivos, líderes y trabajadores.

- Este problema resonará con fuerza en todas las empresas, porque una cultura dinámica, una estrategia clara y una ejecución rápida dependen de comunicaciones fuertes en un mundo que se despista.

- Stewart Butterfield, director ejecutivo de Slack, nos dijo que, en una empresa hipotética de 10.000 empleados con una masa salarial de mil millones de dólares, un empleado dedica entre el 50 y el 60 % del tiempo a algún tipo de comunicación. Sin embargo, nadie proporciona las herramientas y la formación para lograr que dicha comunicación sea buena.

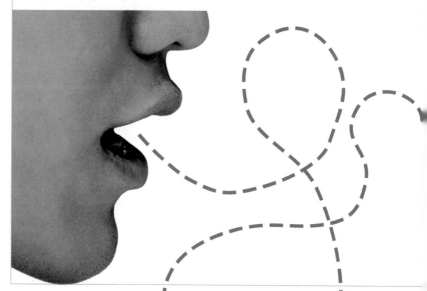

LA CONCLUSIÓN: Todos nos enfrentamos a un desafío épico: ¿Cómo conseguir que alguien preste atención a algo importante en medio de este caos?

NUESTRA RESPUESTA: Adáptate a la forma en que la gente consume contenido. Olvida tus deseos y los viejos hábitos. Después cambia sin demora tu forma de comunicarte. Gracias a Smart Brevity es posible y rápido.

LA VENTAJA PARA TI: Aprenderás a destacar entre la multitud, a hacer que tus ideas sean escuchadas y reconocidas. Y descubrirás que esta nueva forma de pensar y comunicarte es liberadora, contagiosa y enseñable.

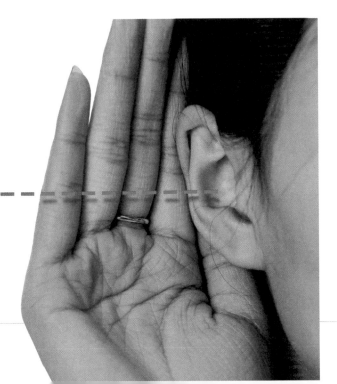

Parte 1

El método Smart Brevity en pocas palabras

1

Breve, no superficial

RECUENTO:

| 870 PALABRAS | 3 MINUTOS |

En la redacción de nuestra *start-up*, Axios, en Arlington (Virginia), cuelga un póster que dice: «La brevedad es confianza. La extensión es miedo».

POR QUÉ ES IMPORTANTE: Dirigimos una empresa de medios de comunicación. Vivimos, respiramos y ganamos dinero con las palabras y consiguiendo que los lectores más influyentes y exigentes las consuman (directores ejecutivos, líderes políticos, directivos y adictos a la información).

- Y sin embargo, ante semejante «neblina de palabras», los animamos a producir y consumir (mucho) menos.

Llamamos Smart Brevity a un método y una estrategia para pensar y comunicar con mayor claridad y precisión, y ahorrar tiempo. ¿Su mayor activo? Decir mucho más con mucho menos.

- Internet ha revolucionado nuestra manera de consumir información, pero han cambiado poco nuestros hábitos de redacción y comunicación.

El método Smart Brevity ataca de frente el problema. En este libro te mostraremos cómo las palabras contundentes, las frases más cortas, los guiños, el diseño sencillo y las ideas bien estructuradas convertirán tus textos en indispensables e inolvidables.

- Te mostraremos cómo los datos, los hábitos de consumo, las tendencias digitales y laborales modernas y nuestras experiencias muestran los sorprendentes beneficios de comunicaciones más breves, directas y simples.

- Te enseñaremos las estrategias fundamentales que nos ayudaron a crear dos empresas (Axios y Politico), a ascender a lo más alto del periodismo y convertirnos en mejores líderes y personas.
- Por el camino te contaremos anécdotas divertidas y esclarecedoras. Descubrirás que tú también puedes aplicar este método en el trabajo y en la vida.

Los tres autores de este libro dirigimos una empresa de medios de comunicación, pero esta obra no está orientada a periodistas, sino que queremos empoderar a todo el mundo.

- Si eres estudiante, con este método harás que tus trabajos y presentaciones sean más atractivos.
- Si te dedicas a las ventas, lograrás que tus presentaciones sean más claras y te ayudará a cerrar negocios.
- Si diriges una organización (empresa, ciudad, universidad o asociación), tus mensajes serán más claros y tus colaboradores se sentirán más alineados e inspirados.

- Si eres una persona que intenta comunicar información importante a otros (no importa si eres director, profesor o voluntario), este libro revela nuestros secretos para que nos escuchen.

LA CONCLUSIÓN: No puedes movilizar a la gente en torno a una estrategia o una idea si no entienden lo que dices, o si se desconectan.

- Si utilizas las viejas formas de comunicación, nadie te prestará atención.

- Aprende a reestructurar tu forma de pensar. Tu redacción será entonces clara e impactante.

Haz ~~mucho~~ más con ~~mucho~~ menos

¿Aún no te convence nuestro método?
No te preocupes.

- En general, es lo que ocurre al principio. ¡Incluso nos pasó a nosotros! Los tres fundadores de Axios nos ganábamos muy bien la vida produciendo palabras para otros.

Autumn, la mujer de Jim, detestaba el concepto de este libro. Verlo escribir capítulos a toda prisa en su iPhone también hizo que sus hijos tuvieran dudas. A Autumn le encantan las palabras, es una académica, una lectora voraz. Te diremos lo que le dijimos a ella:

- No decimos que no haya tiempo para disfrutar de las palabras, sobre todo de la ficción, la poesía, las cartas de amor o la conversación informal.

- Sigue tomándote tiempo para devorar un gran libro o disfrutar una buena película.

Tampoco decimos que hagas textos breves por el simple hecho de que sean breves. Aportas más profundidad y relevancia a tu texto siendo directo, útil y ahorrando tiempo. No omitas hechos o matices importantes, no simplifiques demasiado ni bajes el nivel. «Breve, no superficial» es lo que decimos a nuestros periodistas.

PROFUNDIZA: En la era digital, si quieres causar una impresión duradera, tienes que replantearte radicalmente tu forma de comunicar.

- Empieza por aceptar que, en general, las personas leerán por encima o se saltarán la mayor parte de lo que comuniques. Así que haz que cada palabra y cada frase cuenten.

- Comparte MÁS valor en MENOS tiempo.

- Tus lectores son lo primero. Están ocupados y tienen expectativas respecto al tiempo valioso que te dan. Normalmente, lo que quieren saber es cuál es la novedad y «por qué es importante». Dáselo.

- Cambia el método y el estilo para llegar a los lectores. Ahora.

Verás resultados rápidos y sustanciales si lo haces.

- Smart Brevity hará que seas más efectivo en el trabajo, y un comunicador más impactante, útil y memorable en las redes sociales. Tu voz y palabras destacarán y tendrán más repercusión que nunca.

- Reorganizarás tus días para perder menos tiempo. Tu público se convertirá en tu prioridad. Perderás tus malos hábitos de comunicación.

- Por encima de todo, las personas con las que te comuniques se beneficiarán de este cambio. Este método puede ahorrar a directores ejecutivos y líderes incontables horas, alinear a empresas en torno a su misión, potenciar la creatividad y aclarar lo que importa más, sea cual sea el contexto.

LO MÁS IMPORTANTE: Enseguida descubrirás una nueva confianza en tu voz precisa y clara, y verás que los demás te escuchan y recuerdan tus puntos más destacados (y esperemos que los compartan). Te volverán a escuchar.

El método
Smart
Brevity

2.619 PALABRAS	10 MINUTOS

El método
Smart Brevity

En un entorno digital saturado y confuso, el método Smart Brevity replantea cómo creamos, compartimos y consumimos información.

POR QUÉ ES IMPORTANTE: Dominar ambas partes (hacer algo inteligente y, a la vez, breve) agudiza el pensamiento, ahorra tiempo y se destaca en medio del ruido.

- En general, las personas piensan algo que quieren decir y, después, lo contaminan y lo diluyen con vaguedades, largas advertencias y digresiones inútiles. Se pierde la brevedad.

LA VISIÓN GENERAL: Piensa en cómo consumes información o en cómo te gusta explicar un tema interesante a un amigo mientras te tomas una cerveza o un café.

- La gente quiere saber algo nuevo, revelador, emocionante. Y que se lo pongas en contexto y expliques «por qué es importante». Después, con una pista visual o verbal, deciden si «profundizar» en la conversación.

- Si esto te resulta familiar, pregúntate: ¿Por qué escribimos cartas, ensayos, mensajes de correo electrónico, memorándums o tuits que hacen lo contrario? Damos rodeos y somos egocéntricos. Somos sosos y nos distraemos. Somos aburridos y pesados.

HA NACIDO UN ESTILO

David Rogers —estrella durante mucho tiempo de *The Wall Street Journal* y el mayor reportero del Congreso de nuestra generación— es uno de los padres del método Smart Brevity.

David fue mentor de Jim a principios de la década de 2000 y tenía un carácter notoriamente brusco y directo. Jim, nuevo reportero en el *Journal*, se sentía como Walt Whitman y escribió 1.200 palabras con una prosa bella y llena de digresiones. Se las enseñó a David, que le dijo: «Vaya basura». Después la imprimió, tomó un lápiz y revisó la estructura para indicarle cómo debería haberse escrito para llegar a los lectores. Esbozó una frase corta y directa como entrada, quitó todas las palabras superfluas, pidió un hecho o cita que debiera leerse y, al final, exigió un párrafo que le diera contexto.

Años después, su trabajo inspiró el diseño del método Smart Brevity.

- Con el paso del tiempo, las cosas empezaron a irnos mal: nos convertimos en charlatanes armados con unas cuantas palabras ingeniosas. Nuestro estilo se ha vuelto rebuscado, nuestras mentes, confusas, y nuestra autenticidad, inexistente.

LA CRUDA REALIDAD: Somos, la mayoría, escritores mediocres y filósofos de pacotilla.

- Todos hemos tenido esta desagradable experiencia: se nos pasa por la cabeza una gran idea (cambio estratégico, una toma de contacto, solicitar un puesto clave), la expresamos y pierde toda su consistencia. Entonces otro toma la palabra y presenta la misma idea... brillantemente. Nos sentimos unos fracasados.

Piensa en el método como una manera de frenar tus peores instintos o hábitos en el campo de la comunicación. Es una forma de formatear y estructurar tu pensamiento y, después, transmitirlo con contundencia.

- Con Smart Brevity no tendrás que empezar de cero cada vez que tengas algo que decir, sino que tendrás una estructura replicable que te permitirá sentirte seguro de ti mismo y organizado.

Esta receta, perfeccionada con los años, nos ayudó a que nuestras *newsletters* de medios en Axios fueran de las más leídas y rentables. Pero sobre todo ha contribuido a cambiar la forma en que las empresas y los pensadores más innovadores se comunican entre sí, tanto interna como externamente.

- **UN TRASFONDO DIVERTIDO**: Unos años después de lanzar Axios, altos cargos de la NBA, de aerolíneas importantes y de organizaciones sin ánimo de lucro nos hicieron una pregunta parecida: «Nuestros jefes leen Axios y les encanta el formato. ¿Cómo podemos comunicar como vosotros?».

- **NUESTRA PRIMERA RESPUESTA FUE**: Somos una empresa de medios de comunicación, no profesores de redacción.

Pero unas pocas llamadas se convirtieron en docenas. Así que hicimos lo que haría cualquier buen periodista e investigamos. Queríamos saber por qué algunas de las empresas más poderosas del mundo tenían tantos problemas con sus comunicaciones como para pedirnos ayuda a nosotros, una empresa de medios de comunicación.

- Resultó que Mitt Romney había acertado (más o menos) cuando, como candidato presidencial republicano, dijo: «Las empresas también son personas». Como nosotros, se sienten paralizadas por el exceso de palabras. Solo que a una escala mucho mayor.

Las organizaciones también se ahogaban en mensajes de texto, correos electrónicos y comunicados de empresa, sin saber quién leía qué y por qué. No es de extrañar que un estudio tras otro demuestren que los empleados se sienten perdidos, desconectados y confusos.

Si lo ves todo, no recuerdas nada.

LOS CUATRO PRINCIPIOS

El método Smart Brevity, en su forma escrita, tiene cuatro elementos principales, todos fáciles de aprender, poner en práctica y, después, enseñar. No se aplican en todas las circunstancias, pero te ayudarán a empezar a entender los cambios que debes hacer.

❶ Un adelanto fuerte:

Tanto si es un tuit como un titular o la frase del asunto de un correo electrónico, necesitas un máximo de seis palabras fuertes para captar la atención de la persona que está mirando Tinder o TikTok.

❷ Una primera frase con impacto:

Tu frase inicial debe ser la más memorable. Dime algo que no sepa, que querría saber, que debo saber. Haz que la frase sea lo más directa, concisa y aguda posible.

❶ Un gancho potente

❷ Una primera frase con impacto

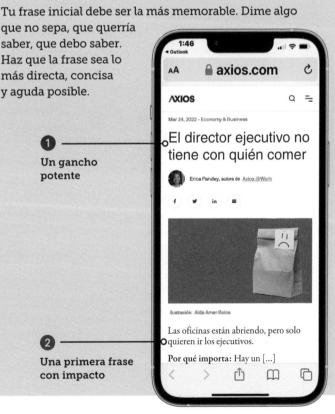

❸ Contexto o «por qué es importante»:

Todos fingimos. Mike y yo nos enteramos de esto conversando con los CEO de la lista Fortune 500. Todos sabemos mucho sobre poco. Nos da demasiada vergüenza o miedo preguntar, pero casi siempre necesitamos que nos expliquen por qué un hecho, idea o pensamiento nuevo es importante.

❹ Posibilidad de ampliar la información o «profundizar»:

No obligues a alguien a leer u oír más de lo que quiere. Debe ser decisión suya. Si opta por decir que «sí», lo que venga después debe merecer su tiempo.

A continuación, intenta hacer todo esto en una pantalla de teléfono, sin tener en cuenta lo que es. *Voilà*... Smart Brevity.

❸ Contexto o «por qué es importante»

❹ Posibilidad de ampliar la información o «profundizar» al final del artículo, si es necesario

Así que hemos aprovechado todo lo aprendido escribiendo cientos de miles de historias y hemos creado una herramienta basada en la inteligencia artificial para difundir el método Smart Brevity.

- Nuestra tecnología, Axios HQ, permite enseñar el arte de la brevedad a cualquier persona que intente mejorar muchísimo su forma de escribir y comunicarse.

- Ha ayudado a transformar la forma en que cientos de grandes organizaciones como la NFL, grandes empresas como Roku, políticos como el alcalde de Austin (Texas), sistemas escolares y agentes inmobiliarios conectan con el personal, los votantes y los compradores. A menudo ven que el *engagement* se dobla o se triplica cuando utilizan Axios HQ, por lo que compartiremos el estudio de varios casos prácticos a lo largo del libro para ayudarte a poner en práctica esta herramienta (profundiza en SmartBrevity.com).

EL ARTE DE IMPROVISAR

Verás que de vez en cuando nos desviamos de la fórmula Smart Brevity.

POR QUÉ ES IMPORTANTE: proponemos principios y no reglas inmutables que no puedan romperse nunca.

Si sigues los principios de Smart Brevity, tus comunicaciones serán más memorables y potentes al instante. Sin embargo, tu objetivo es informar, seducir, inspirar a una audiencia en concreto. Igual que una conversación humana no siempre sigue la misma estructura, a veces puedes añadir una frase de intriga antes de la frase con impacto, el «por qué importa».

- No olvides que buscamos lo mejor para el público: la estructura que sea más clara y eficaz para un lector cuya atención se reclama de un millón de formas.

LA CONCLUSIÓN: Smart Brevity es teoría musical, te aporta lógica y el ritmo a seguir. Pero esa arquitectura magnífica deja espacio para la improvisación.

LA CIA Y SU BÚSQUEDA DE LA BREVEDAD

La CIA tenía un problema.

Sus analistas disponían de algunos de los datos de inteligencia más interesantes del mundo. Pero muchos de ellos ocultaban los hechos o amenazas más importantes en una neblina de palabras.

Esto ocurrió durante la administración del presidente Trump, y la agencia sabía que su «primer cliente» tenía la capacidad de concentración de una mosca.

Para ser una agencia secreta, la CIA tiene muchos escritores. Y ahí es donde estaba Mike en 2019. Le habían pedido que hablara a la multitud sobre sus trucos preferidos para averiguar qué era realmente interesante en un montón de datos.

- Su consejo, que siempre funciona: Pregunta al autor de los datos qué es lo más interesante porque sabrá lo que es y te lo dirá.

- En cambio, si le pides que escriba un informe sobre esos datos concretos, probablemente nunca te lo entregue.

La CIA escribe la *newsletter* por excelencia —el informe diario del presidente (PDB)—, un esbozo de la sesión informativa diaria del despacho oval. Philip Dufresne, exautor del PDB, que ahora trabaja para nosotros en Axios, pone en práctica Smart Brevity y reescribe un hipotético memorándum de la CIA de esta forma:

ANTES	DESPUÉS
Así es cómo la CIA podía escribir un aviso sobre Afganistán:	Esta es la versión Smart Brevity con los mismos datos:

ANTES

Así es cómo la CIA podía escribir un aviso sobre Afganistán:

Las ANSF, al borde del colapso: aumento del nivel de amenaza

El gobierno y los oficiales de seguridad afganos están debatiendo vías de evacuación, según [información atribuida aquí], lo que indica que la mayor parte de las ANSF de la región no tienen prevista ninguna resistencia organizada frente a la próxima ofensiva. Es de esperar un importante repunte de la actividad y la violencia.

Los talibanes se apoderaron de tres capitales de provincia más de la noche a la mañana antes de establecer barricadas en todos los lados de Kabul, y ahora amenazan con hacerse con el control de la capital en cuestión de días, aumentando el nivel de riesgo, según indican nuestras fuentes en la región. La calidad de la información es alta.

DESPUÉS

Esta es la versión Smart Brevity con los mismos datos:

AVISO:

🔔 REPUNTE TALIBÁN

Los militantes talibanes han estado en silencio, pero nuestras fuentes en Kabul detectan movimiento de tropas y munición, lo que sugiere que las tensiones pronto entrarán en una espiral de violencia.

POR QUÉ IMPORTA:

Los ciudadanos estadounidenses de Kabul deben tener más cuidado y los militares afganos entrenados por EE. UU. deben estar listos para dejar los ejercicios y empezar a luchar. Nivel de amenaza: creciente.

El método
Smart Brevity

Gancho informativo

ANTES	DESPUÉS
Hola, aquí hay nuevos planes para el fin de semana (sobre la fiesta de cumpleaños)	🎉 Nuevo plan: parque de camas elásticas

Primera frase

ANTES	DESPUÉS
Perdona por cambiar de planes en el último momento, pero ha habido mucho caos para organizar la fiesta de Jimmy sobre todo con el tiempo que ha hecho la última semana. La buena noticia es que encontramos un sitio al que llevar a todos los niños, ese parque nuevo de camas elásticas. Será este sábado a las doce del mediodía.	Pasamos la fiesta de Jimmy al nuevo parque de camas elásticas este sábado a las doce del mediodía.

Por qué es importante

ANTES	DESPUÉS
El único inconveniente es que está un poco más lejos de lo que habíamos pensado al principio. El primer sitio que miramos estaba a 30 minutos en coche, pero el parque de camas elásticas tiene mucho más espacio, así que lo escogimos, aunque esté a unos 40 minutos. Solo aviso para la planificación.	Está a unos 40 minutos de distancia, así que puede que tengáis que salir un poco antes de lo que habíamos pensado en un principio.

Profundizar

ANTES	DESPUÉS
El sitio está en 1100 Wilson Street, junto a aquel restaurante de sushi que visitamos que tenía aquellos maki de cangrejo increíbles, ja, ja. Empieza a las doce del mediodía y nuestra sesión acaba a las 4. Os podéis quedar o iros porque tendremos a un instructor y serviremos comida y bebida. Yo me quedaré y leeré o me preocuparé. ¡Tienen que llevar ropa cómoda! Pantalón corto, camiseta y calcetines obligatorios... Hasta pronto y perdón otra vez.	• Llegad a las doce del mediodía, 1100 Wilson Street. • Habrá pizza y bebidas. • Recoged a los niños a las 4. • Ropa cómoda. Calcetines OBLIGATORIOS.

Gancho informativo

ANTES	DESPUÉS
Puesta al día del consejo de administración	Hemos impresionado al consejo

Primera frase con impacto

ANTES	DESPUÉS
En la última reunión del consejo de administración, celebrada el miércoles, presentamos los progresos realizados en nuestro plan de comercialización, incluidas las fuertes ventas de productos durante el último trimestre en el marco de nuestra prueba beta. Pudimos sorprender al consejo con un informe que incluía un aumento de los ingresos del 12 % en el último trimestre, lo que nos sitúa a un extraordinario 90 % de nuestro objetivo global para este segundo semestre.	El miércoles sorprendimos al consejo con un aumento de los ingresos del 12 % en el tercer trimestre, lo que nos sitúa en el 90 % del objetivo para el segundo semestre.

Por qué es importante

ANTES	DESPUÉS
Las fuertes ventas de productos nos permitirán aumentar la inversión en oportunidades clave de crecimiento temprano en tecnología y marketing. Estamos actualizando la hoja de ruta del segundo semestre con grandes inversiones en el equipo tecnológico, sobre todo en el equipo de aprendizaje automático, en marketing, para apoyar al equipo de Ava con nuestro nuevo lanzamiento y posicionamiento, y en algunas nuevas e interesantes colaboraciones con empresas que realizan trabajos en los que no tenemos capacidad interna pero sí una necesidad estratégica de añadir experiencia.	El aumento de los ingresos nos permite invertir en dos áreas que acelerarán en meses nuestro plan de comercialización. • Nuevas contrataciones: podemos añadir funciones clave de aprendizaje automático en los equipos de tecnología y marketing. • Cerraremos dos acuerdos para ampliar nuestras competencias y nuestro pensamiento estratégico.

Profundizar

ANTES	DESPUÉS
Si no habéis dedicado tiempo a revisar la nueva presentación y posicionamiento de Ava, os animamos a todos a hacerlo. Los nuevos puntos de debate superaron muchas pruebas con grupos focales y reflejan nuestro mejor argumento hasta la fecha sobre por qué nuestra solución es la mejor del sector.	Nuestro producto habla por sí solo, pero fue la nueva propuesta de Ava, probada durante tres semanas en grupos de discusión, la que lo puso en manos de los clientes. • Por favor, revisad el material de Ava que hay en la intranet.

3

El camino a la brevedad

RECUENTO:

| 1.394 PALABRAS | 5 MINUTOS |

El camino a la brevedad

Confesión: Al principio, a los tres se nos daba fatal el arte de la concisión.

POR QUÉ ES IMPORTANTE: Quizá como a ti, nos costó encontrar la sencillez y la brevedad. Pero nuestro viaje revela su urgente necesidad y las posibilidades de éxito cuando reinventamos la forma de hablar, escribir, trabajar y pensar.

ENTRE NOSOTROS: Cuando se trata de brevedad, los periodistas son los peores. Somos conocidos por medir nuestra autoestima en cantidad de palabras y titulares. Cuantas más, mejor. Mike y Jim saltaron a la fama al cubrir la presidencia para el *Washington Post*, *The Wall Street Journal* y *TIME* escribiendo cientos de miles de palabras. Entrevistamos a presidentes, volamos en el Air Force One, y salimos en la TV.

- Nos jactábamos de que cuando nuestros jefes encontraban un tema interesante podíamos escribir miles de palabras sobre él. Nunca nos deteníamos a preguntarnos: ¿Alguien lee todo esto? ¿Alguien debería leerlo?

Entonces llegó Internet. Madre mía, qué despertar. Internet ofrecía algo que los periódicos nunca habían tenido: datos reales sobre quién leía qué. Los datos tienen una forma divertida de bajarte los humos. Nos dejó totalmente expuestos a la verdad: casi nadie leía la mayor parte de nuestras palabras. Llenábamos espacios en los periódicos, pero eran agujeros negros que absorbían nuestro tiempo y energía. También a ti.

LA PRIMERA PALABRA

Nicholas Johnston dirigía su propia «fábrica de brevedad» en Bloomberg, construyendo la sucursal en Washington de su servicio de noticias rápidas First Word. Este servicio ofrecía a los operadores de Wall Street y Washington artículos cortos pero completos, con análisis breves y concisos.

- Fue muy popular entre lectores que estaban dispuestos a pagar bien por lo que querían saber, sin el relleno superfluo que se incluía normalmente en las noticias.

- A Nick le gustaba contar la historia de la orden (posiblemente apócrifa) que le dio a uno de sus reporteros cuando el senador Harry Reid, antiguo líder demócrata, anunció que se retiraba. «No me importa cuál es la octava palabra de la historia —dijo—, mientras las primeras sean "Reid no se presentará a la reelección".»

La idea era que los atareados lectores de Bloomberg, muy informados, no necesitaban datos superfluos sobre dónde había crecido Reid, los proyectos de ley que había defendido, ni su trabajo como agente policial del Capitolio mientras estaban en la Facultad de Derecho. Ya sabían todo eso, probablemente de boca del propio Reid. Solo querían saber que se retiraba, y si sabíamos quién lo iba a sustituir (Schumer), esa podría ser la octava palabra.

Nick dejó Bloomberg para dirigir nuestra redacción, convirtiéndose rápidamente en nuestro evangelista bromista, garabateando en nuestras paredes gritos de guerra como «Ten el valor de quitar las manos del teclado» y «Los bloques de texto entristecen la vista».

- En general, las personas leían nuestros titulares, y algunas incluso los primeros párrafos. Pero con frecuencia solo los amigos y los familiares lo leían todo. ¿Una lección de humildad? Desde luego. Imagínate ser un cantante de éxito y enterarte de que nadie escucha tus canciones.

Roy estaba haciendo algo similar en el mundo de la consultoría. Ayudaba a crear largos PowerPoints e informes de estrategia que pocas personas leían. Mientras hacía el MBA, se preguntó por qué nadie le había enseñado a comunicarse o escribir para ahorrar tiempo a la gente. Pero cuando su carrera despegó, se limitó a hacer lo que todo el mundo hacía. Somos todos hámsteres.

EL CONTEXTO: Internet abrió un mundo de posibilidades. Lo estaba cambiando todo y más deprisa de lo que nuestras mentes eran capaces de asimilar.

- Mike y Jim salieron de *TIME* y el *Washington Post*, respectivamente, para fundar Politico. Jim todavía recuerda a Don Graham, el legendario propietario de *The Washington Post* por aquel entonces, que lo llamó a su despacho para avisarle con su voz abrupta: «Estás cometiendo un error garrafal». No estábamos de acuerdo. No necesitábamos papel impreso ni una gran institución para generar sobredosis de palabras. Lo podíamos hacer nosotros mismos.

- Construimos una gran *start-up* de medios digitales, una nueva fábrica de palabras. La esposa de Jim le puso el nombre perfecto: *Politico*. Conectamos la web con la TV y el apetito insaciable del público por la política, y *voilà*.

- Sin duda alguna, fue un gran éxito. Copresentamos debates presidenciales, contratamos a cientos de empleados de medios informativos y cambiamos la forma de leer de la gente y su pensamiento respecto a la política. Roy, que estaba en Gallup, la empresa global de encuestas y consultoría, se unió a nosotros para convertir nuestro grupo de amateurs, en un negocio de verdad.

Hubo un gran momento en el que los tres pasamos a ser verdaderos conversos y creyentes de la brevedad y cerramos precisamente la empresa que habíamos construido para empezar una nueva, Axios.

- Mike y Jim dejaron su impronta en Politico, escribiendo columnas de 1.600 palabras sobre el presidente que eran comentadas en todas las reuniones sociales de la ciudad, Washington, DC. Incendiaban la TV y las redes sociales. Algunas fueron leídas por casi un millón de personas.

- Nos sentíamos genial y profundamente satisfechos, hasta que los datos nos pusieron en nuestro sitio.

- En aquel entonces tenías que hacer clic en un número pequeño al final de cada página para ir a la siguiente. Resultó que aproximadamente el 80 % de las personas dejaban de leer en la primera página, lo que significaba que consumían, como mucho, 490 de nuestras palabras grandilocuentes. Y esas eran las historias de las que hablaban muchos políticos y medios de comunicación.

- Llamamos a otras publicaciones y sitios como Facebook para averiguar si sus cifras eran similares. Sí. Descubrimos que la mayoría de la gente solo leía el titular y unos cuantos párrafos de la mayoría de las historias.

Por aquel entonces, los tres defendimos la creación de Politico Pro, un servicio de noticias por suscripción que cobraba a empresas y grupos de presión miles de dólares por noticias sobre temas especializados, como la agricultura o las políticas sanitarias.

- Empezamos la producción en masa de historias largas y ráfagas cortas de información, a menudo de solo 200 palabras, en *newsletters* o alertas. Las empresas de la lista Fortune 500 pagaban mucho por este servicio. El negocio iba viento en popa.

- Años después realizamos un sondeo entre aquellos lectores que necesitaban profundidad y matices para su trabajo, alguno de los cuales pagaba más de 100.000 dólares por el servicio. Solo el 5 % contestaron que lo que más valoraban eran las historias largas.

LA VISIÓN MACRO: En aquel momento pensamos: «Vaya, esto no tiene vuelta atrás». Los lectores más exigentes y con mayores necesidades del mundo pedían a gritos menos palabras. La lección: Escucha al cliente y a los datos, no a la voz de tu cabeza. Dejamos Politico y lanzamos Axios en 2017 con la idea clara de ser concisos.

- Estudiamos Twitter, *The New York Times* y literatura académica con relación al tiempo frente a la pantalla y la capacidad de concentración. Después nos preguntamos: si tuviéramos que crear una empresa de medios de comunicación basada en lo que quieren los consumidores y no en lo que quieren los periodistas o los vendedores de publicidad, ¿cómo sería?

- La respuesta fue obvia: hacer que las noticias y la información fueran no solo inteligentes, sino tan nítidas y eficaces como fuera posible, eliminando el ruido innecesario (vídeos de reproducción automática, anuncios *pop-up*, palabras innecesarias), y escribir tal y como nuestro cerebro quiere consumir esa información. Y construirlo para un teléfono inteligente.

- Contaríamos a los lectores la novedad y «por qué es importante» y les daríamos el poder de «profundizar». Pero incluso si solo leían 200 palabras, las convertíamos en las 200 palabras más poderosas y útiles que hubieran leído.

Nos comprometimos a dejar de hacer perder el tiempo a la gente. Para liberarla de la tiranía de demasiadas palabras y distracciones, para mostrarle que menos es más y que conciso no significa superficial.

Había nacido el método Smart Brevity.

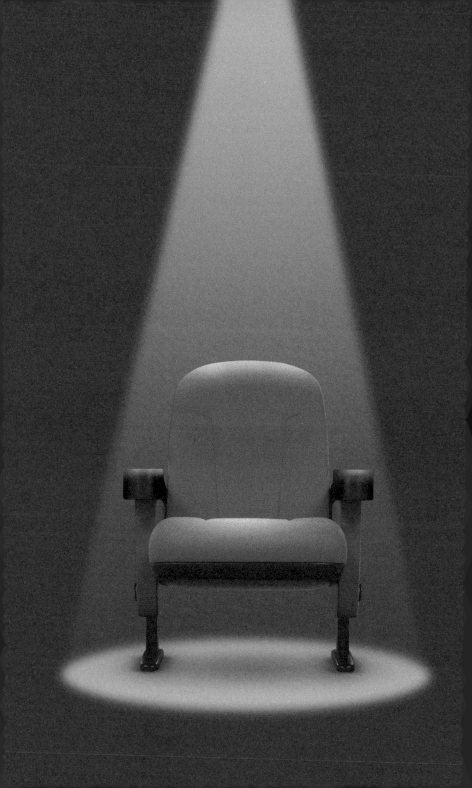

4

La audiencia es lo primero

RECUENTO:

| 1.972 | 7 |
| PALABRAS | MINUTOS |

La audiencia es lo primero

Haz tuyas las cinco primeras y más importantes palabras del manifiesto de Axios: la audiencia es lo primero.

POR QUÉ ES IMPORTANTE: Si piensas primero en servir a tu audiencia —colegas, alumnos, amigos— y no a tu propio ego, ganarás en eficacia.

- Puede que parezca fácil, pero a menudo en este punto es donde las personas fallan. Tendemos a pensar demasiado en lo que queremos decir en vez de en lo que los demás necesitan oír.

QUE ASÍ SEA: el Papa Francisco, en septiembre de 2021, pidió a los curas católicos de Eslovaquia que redujeran las homilías de 40 a 10 minutos, o la gente perdería interés. «Fueron las monjas las que más aplaudieron, porque son las víctimas de nuestras homilías», bromeó.

- Haz como el Papa: Empieza cualquier comunicación pensando primero en tu audiencia y en lo que necesita o quiere.

Imagínate a la persona a la que intentas llegar. Es fácil si es alguien en concreto, pero si te diriges a un grupo, concéntrate en un individuo específico, un nombre, una cara, una función.

- Haz esto siempre antes de empezar la comunicación. Si intentas hablar a todo el mundo, corres el riesgo de no llegar a nadie. **Identificar a la persona a la que quieres llegar** aclara las cosas enormemente.

HAZ LO CORRECTO
LA PRÓXIMA VEZ

A finales de 2015, los tres estábamos librando una batalla amarga y secreta para dejar Politico, nuestro bebé, nuestra primera *start-up*. Robert Allbritton, el propietario, nos estaba amargando la vida. Queríamos devolverle el golpe con fuerza.

Jim estaba sentado, sumido en sus pensamientos, en el banco de la iglesia de Cristo Rey de Alexandria (Virginia), mientras el pastor David Glade hablaba sobre las dificultades de ser bueno. Contó cómo, ante el caos y los retos de la vida cotidiana, sus hijos se preguntaban cómo podían elegir siempre hacer lo correcto.

- El pastor Glade quería hacer más accesible esta cuestión existencial. La sabiduría de las palabras que confió a sus hijos nos ha guiado y ha dado forma a nuestra forma de vida: «Todo lo que puedes hacer es hacer lo correcto la próxima vez».

Piensa en lo sencilla, directa y memorable que es esa frase. Podría haber añadido una referencia bíblica, una frase en hebreo o una cita a de C. S. Lewis pero no hubiera sido más conciso: «Haz lo correcto la próxima vez».

- El pastor Glade había comprendido la lección más importante de la comunicación moderna: un mensaje breve, pertinente, sencillo y directo puede dar en la diana y dejar una impresión duradera.

- En una nota a su congregación en octubre de 2021, Glade citó la obra de William Strunk *Elementos de estilo*: «Un estilo eficaz es conciso. Una frase no debe contener palabras innecesarias ni párrafos superfluos, por la misma razón que un dibujo no debe tener líneas innecesarias ni una máquina ninguna pieza superflua».

La audiencia es lo primero

Es lo contrario a la TV, donde las cadenas a menudo intentan llegar al máximo nivel de audiencia posible dirigiéndose al telespectador menos informado. El resultado es que bajan el nivel del contenido y añaden contexto general para rellenar.

- No hagas eso. Imagínate en cambio a una persona inteligente, ocupada y curiosa en el centro del gran círculo al que apuntas. Una persona de verdad, que tiene un trabajo y necesidades reales. Debe ser alguien interesado en tu tema y dispuesto a interactuar.

- Tus contenidos ayudarán a aclarar sus ideas y arrojarán sobre ellas una luz nueva, inspiradora y apasionante. También estructurarán tu tono, tu información y la forma en que explicas su importancia.

- Tu mensaje será recordado cuando los lectores vean y valoren el respeto que has mostrado por su tiempo y su inteligencia.

El segundo paso de Smart Brevity, igualmente importante, es adaptar con firmeza el mensaje a tu lector objetivo. Para lograrlo, determina qué quieres que recuerde esta persona en concreto, y encuentra formas precisas, vívidas y memorables de expresarlo.

- Pruébate a ti mismo: pídele a un amigo que lea lo que acabas de escribir, o léele unos párrafos. Pídele que resuma la idea principal que intentabas transmitir. Es una lección de humildad, pero resulta muy útil.

- De esta forma descubrirás que la manera más fácil de transmitir lo que intentas decir es decirlo. Y paras. Tu amigo podrá repetir tu punto clave, casi palabra por palabra.

Podríamos acabar todos los capítulos del libro con «¡Y paras!». Esa es la parte que confunde a la gente. Escondemos lo bueno en montones de palabras. Hacemos que la gente deduzca lo que intentamos decir en vez de soltarlo. No seas rebuscado, sé eficaz.

POR QUÉ ES IMPORTANTE: Serás un comunicador mucho mejor cuando aprendas a moldear tus pensamientos e ideas, a darles forma para que destaquen, y dejes de malgastar palabras y tiempo.

- Tendemos a comunicarnos de forma egoísta. Cuando nos sentamos a escribir, nos ponemos de pie para hablar o grabamos algo, pensamos en lo que queremos decir, no en lo que los demás querrían y deberían oír. Dale la vuelta a este pensamiento.

Considera esto en el contexto de una disculpa:

- «Me disculpo por haber dicho eso, pero estaba pensando... Y lo que has hecho antes me ha enfadado y me ha hecho decir esas cosas malas».

- Mejor: «Me disculpo sinceramente por lo que he dicho».

¿Ves que el propósito de una disculpa clara se pierde entre palabras innecesarias?

- Los cobardes se esconden en las cláusulas.

Pensemos en esto mismo en el lugar de trabajo o el aula. En ninguna otra situación disimulamos, distorsionamos y desviamos más nuestros verdaderos sentimientos que cuando damos y recibimos *feedback*. Muy pocas personas tienen la confianza necesaria para ser directas. Tendemos a irnos por las ramas ante conversaciones duras pero necesarias.

- «Haces muchas cosas fantásticas, y sé que tengo mis defectos, y la vida es dura e imprevisible, pero realmente necesito que muestres un poco más de esfuerzo en los proyectos que te asignamos. Si sigues teniendo problemas con el esfuerzo, tendré que ponerte en un programa de mejora de rendimiento».

- Mejor: «Esto es algo que tienes que mejorar: esfuérzate más en tus principales tareas».

Tomemos el ejemplo de una simple cuestión de organización. Piensa en todas las palabras y tiempo que pierdes soltando todas tus ideas y dando demasiadas explicaciones.

- «Hola, Nancy, perdona por el cambio de planes. Vaya caos la vida, con todo este trabajo y las restricciones por el COVID-19. Pero tenemos que cambiar la comida a esa panadería de la esquina, que está bien. Te invito, ya que siempre soy yo quien cambia los planes, sobre todo este verano, que ha sido de locos.»

- Mejor: «Tengo que cambiar la comida a la panadería de la esquina. Te invito yo».

O, a menudo lo peor de todo, lo que deberían ser simplemente comunicaciones laborales.

- «John, después de muchas reuniones y un sinfín de deliberaciones, decidimos reducir las reuniones de los lunes al núcleo del equipo directivo. Sabes que esto ha sido fuente de gran frustración para muchos, especialmente con el tamaño del grupo creciendo tan rápido.»

¿Quién quiere leer todo eso tan denso para comprender el problema?

- Mejor: «NOVEDAD: Únicamente participará en las reuniones de los lunes el equipo directivo».

SIMPLEMENTE, DILO

Lisa Ross —esposa, madre, directora ejecutiva y consejera de directores ejecutivos a escala mundial— tiene una petición para todas las personas de su vida: Di lo que quieres decir, con sinceridad y en pocas palabras.

POR QUÉ ES IMPORTANTE: «Escondemos nuestra inseguridad con palabras extra», afirma Ross, directora ejecutiva de Edelman, el gigante global de la comunicación. «Tu mensaje se pierde, tu sinceridad se cuestiona y tu competencia queda en entredicho porque tienes un lío que no te aclaras.»

- Ross dirige una empresa de relaciones públicas internacional que usa Axios HQ y Smart Brevity para brindar a la empresa (y a varios departamentos) novedades sobre estrategia y planificación. Es su vía principal para mantener informados a sus empleados y clientes. Ross es estricta al aplicar los principios de reducir la jerga empresarial y de la comunicación tradicional.

  Por ejemplo, menciona el caso de un director ejecutivo que, frente a los cierres debidos al COVID, se limita a decir: «Volveremos al trabajo cuando la gente se sienta segura».

Pero el equipo legal se implica. Los especialistas en comunicación intervienen. De repente, ese director ejecutivo balbucea una respuesta y parece un «hackeo» empresarial.

Lisa le diría a este cliente: «Acabas de dar una respuesta... Simplemente, dilo».

Explica que la gente «malgasta tiempo elaborando, enmarcando, conceptualizando algo en lugar de limitarse a decir lo que quiere decir».

Su consejo puede hacer que seas mejor comunicador o líder, sin importar el tipo de trabajo o el sector en el que te encuentres. «La gente quiere una comunicación directa, clara y honesta. Si intentas contarme una historia o mentirme, me marcho.»

Ross dice que una de las lecciones del COVID es: «Mi tiempo lo es todo para mí».

«Tenemos que ser más eficientes porque el trabajo y la vida ahora se mezclan. Y si no captas mi atención, voy a desconectar.»

LA CONCLUSIÓN: «Simplemente, sé tú misma». Y no te escondas tras un montón de palabras.

1 Concéntrate en UNA persona objetivo.

2 Define UN punto que quieras que recuerde.

Cuando Mike era un principiante en el *Richmond Times-Dispatch*, uno de los reporteros veteranos, Michael Hardy, criticaba el trabajo torpe de la competencia diciendo: «Piensa, y luego ¡escribe!».

- Era un comentario sarcástico, pero es un buen consejo.

- Si no sabes exactamente lo que quieres decir, es imposible que el lector lo entienda.

3 Escribe como un humano, para humanos.

Sé simple, claro, directo. Sé comunicativo. La autenticidad y la cercanía son importantes porque ayudan a que la persona esté más dispuesta a escucharte y a recordar lo que has dicho.

- A Mike le gusta comparar su *newsletter*, Axios AM, con una conversación durante el desayuno con un amigo inteligente y curioso.

- Cuando estamos sentados cara a cara, recibimos señales que impiden que seamos aburridos. Inconscientemente, pensamos: Quiero caerte bien. Por eso, no nos repetimos. No usamos palabras rebuscadas. No decimos a la gente cosas que ya saben. No explicamos lo obvio.

- Sin embargo, cuando nos sentamos frente al teclado, hacemos todo eso.

AQUÍ ESTÁ EL TRUCO: Habla con alguien (o contigo mismo, nadie se va a enterar) sobre el tema que quieras tratar.

- Será más claro, más interesante y más urgente que cualquier cosa que se te ocurra si te sientas a «escribir».

4 Después escríbelo.

Escribe esa observación que quieres que el lector, espectador u oyente recuerde si es lo único que se lleva. Escribe eso antes de hacer cualquier otra cosa.

- Después intenta abreviarlo a menos de doce palabras. Menos es más. Debe ser una declaración o un dato, no una pregunta. Asegúrate de que sea algo nuevo o esencial. Elimina las palabras débiles y borra cualquier verbo o adjetivo sobrante.

5 Y para.

Si no sabemos realmente lo que queremos decir o, lo que es más probable, no entendemos lo que estamos escribiendo, lo disimulamos diciendo demasiado.

- Hacemos lo mismo cuando terminamos una relación, pedimos un aumento de sueldo, confesamos un mal comportamiento. Seguimos hablando. Es la naturaleza humana. Y acaba con relaciones... y con la comunicación. Así que deja de hacerlo.

Parte 2

Buenas prácticas

Sé digno
de ello

RECUENTO:

| 1.149 PALABRAS | 4 MINUTOS |

Ronald Yaros, profesor de la Universidad de Maryland, utiliza estudios de seguimiento ocular para captar lo que realmente leemos. Ha comprobado que la mayoría de la gente se limita a escanear el contenido.

POR QUÉ ES IMPORTANTE: Yaros, que lleva años realizando estos estudios, dice que, de media, una persona típica pasa solo 26 segundos en una historia o informe. Lo llama «tiempo en el texto». El resto, lo ignoramos.

- Sí, da miedo, pero también es liberador. Esto te permite ir a lo esencial y elimina lo superfluo y la información inútil.

Sabíamos que habíamos dado en el clavo cuando los lectores nos empezaron a decir que nuestro estilo les ahorraba tiempo y aumentaba su comprensión de temas complejos. Dedicamos una cantidad increíble de esfuerzo a eliminar las distracciones y el ruido que ves en otros sitios web y escribimos artículos cortos y esenciales.

- Llevábamos años siendo reporteros y nunca habíamos recibido ni una sola nota de agradecimiento, ni la esperábamos. Normalmente recibíamos cartas de odio, el precio por escribir sobre política. Fue una sorpresa.

NO PONGAS FRASES DE RELLENO

Megan Green, agente inmobiliaria de Florida, dice que el método Smart Brevity elimina fallos, dudas y engaños cuando trata con compradores y vendedores, que a veces pueden ser muy susceptibles.

POR QUÉ ES IMPORTANTE: Cuando vendes, el éxito depende de la eficiencia. (Fíjate en la fuerza y la eficiencia de esta frase.) Megan dice:

- «Limítate a los hechos. Sé amable. El proceso es abrumador para la gente. Lo pongo todo por escrito: correo electrónico o texto».

- «No pierdo el tiempo diciendo: "Hola, espero que tengas un buen día", sino que redacto listas tipo "Para contratar los servicios, haz esto". No pongo frases de relleno.»

- «Destaco el texto en amarillo. Cuando alguien me hace preguntas, las pego y respondo en color morado o en negrita.»

CONCLUSIÓN: El trabajo improductivo cuesta dinero.

EN LA PRÁCTICA: En un mundo lleno de ruido, la gente te recompensa si respetas su tiempo y su inteligencia. Esta verdad es universal. También es cierto lo contrario: les pareces irritante si les haces perder el tiempo.

A menudo, los periodistas son los más reincidentes. Quizá tengas que tragarte 1.200 palabras para darte cuenta de que un párrafo, enterrado bien en el fondo, es el que vale la pena. Pero no son los únicos.

- ¿Por qué tienes que pasar 20 páginas de un libro antes de que empiece la historia?

- ¿O mirar 30 segundos de un anuncio sin sentido antes de llegar a un vídeo?

- ¿O leer una introducción, presentación y resumen de algo, cuando lo único que quieres es una o dos conclusiones?

El profesor Yaros nos adelantó parte de su última investigación sobre lo que denomina «modelo de *engagement* digital», cuyo objetivo es predecir cómo y por qué los usuarios interactúan con distintos tipos de información.

- Conclusión: no lo hacen.

La mayoría de los lectores están en un estado de lo que la consultora Linda Stone denomina «atención parcial continua».

- Tal y como indica un estudio de Yaros: «Esto NO es *multitasking*, sino que el usuario piensa constantemente en la próxima alerta, SMS o correo electrónico».

- Es llamativo: Incluso cuando están mirando tus palabras, muchos lectores no prestan atención.

E incluso cuando al lector le interesa, puede que no captes su atención. «El tiempo puede limitar el *engagement* incluso con contenido que nos interesa», escribe Yaros.

- El profesor avisa a los periodistas sobre las «puertas de salida», es decir, cualquier cosa que haga que pierdas al lector.

- Los cuatro culpables principales: Demasiado texto. Demasiada jerga. Demasiadas opciones. Vídeos largos.

- ¿Qué tienen en común? *Menos* es más.

Yaros constató que estos conceptos se aplican de forma universal, desde la comunicación escrita hasta los vídeos *online* e incluso videojuegos. Consumimos todo tipo de contenido digital en ráfagas cortas y, después, pasamos página enseguida.

LA BREVEDAD O LA VIDA

Chris Sacca —inversor de capital riesgo con 1,6 millones de seguidores en Twitter y cuya biografía dice que ha invertido en «innumerables» *start-ups*— da este consejo práctico: «Escribe tu carta o correo electrónico. Después, cuando lo hayas escrito todo, haz que las dos o tres primeras frases resuman el resto. A menudo, es la única parte que se lee».

CONSEJOS Y TRUCOS

❶ Enumera las ideas clave.

Escríbelas en orden de importancia. La primera es la que tiene más opciones de ser recordada.

- **Mike tomó un consejo que escuchó en un discurso de un ejecutivo de BJ's Wholesale Club, que pusimos en práctica y nos funcionó.**

    Mike pensó que conocía todos los secretos de hablar en público, pero, mientras esperaba para subir al escenario después del ejecutivo de BJ's, lo oyó empezar y acabar su discurso con estas palabras: «Si solo vais a recordar una cosa de esta charla...». Es una manera inequívoca de señalar lo que más importa y lo que quieres que se lleve la gente.

❷ Si es posible, limita tu lista a una o dos ideas clave.

Si no puedes, escríbelas como listas marcadas con puntos, no como bloques de texto.

- **¿Cómo saber cuándo hacer esto? Piensa en tus propios hábitos de lectura. ¿Realmente estudias un correo electrónico de principio a fin o un informe palabra por palabra? Por supuesto que no.**

    Con suerte, sabemos que de cada podcast, reunión del sector, sermón o Zoom, vamos a quedarnos con una idea, anécdota, consejo, truco, ocurrencia, estadística, nuevo enfoque.

    Eso es una victoria, ¿verdad? En general, escuchamos un podcast o vamos a una reunión y no recordamos ni una maldita cosa.

- **Así que confía en esto. No dejes que sean ellos los que elijan. Elige tú.**

3 Sé honesto. ¿Este punto, detalle o concepto es esencial? En caso afirmativo, ¿hay una forma más simple de transmitirlo?

4 Borra, borra, borra. ¿Qué palabras, frases o párrafos puedes eliminar antes de enviarlo? Cada palabra o frase que puedas eliminar ahorra tiempo a la otra persona. Menos es más, y es un regalo.

Haz estas cosas y los demás dejarán de poner los ojos en blanco (o dejarán de ignorarte) cuando les presentes una idea o mensaje nuevos.

Empezarán a recibir tus ideas y a escucharlas de forma alta y clara.

ANTES	DESPUÉS
El primer torneo de fútbol, el primero del curso, se celebrará en Springfield, en el SoccerPlex, donde nuestros chicos empezarán otro gran año juntos con el entrenador Smith, y esperemos que ganen nuestro primer campeonato. Los chicos deben llegar a las 13 h y llevar comida, agua, etcétera, pero supongo que ya lo debéis saber porque no es nuestro primer torneo juntos. Gracias y, ¡vamos, RedDogs!	El primer torneo de fútbol se celebrará en Springfield, en el SoccerPlex. Los chicos deben estar allí a las 13 h. ¡Vamos, RedDogs!

6

¡Atrápame!

RECUENTO:

1.180 PALABRAS	4 MINUTOS

Enfócate en las frases del asunto, los titulares y la primera frase de tuits, notas o documentos. El objetivo: cautivar, intrigar, seducir.

POR QUÉ ES IMPORTANTE: En general, esto se nos da fatal. Escribimos con timidez y con una prosa interminable. Esta mala costumbre es fácil de corregir. Deja de perder a tu lector después del «Hola».

- En los siguientes capítulos veremos el método por partes y te enseñaremos el arte de la brevedad paso a paso. Entrar en materia es esencial.

EL CONTEXTO: El cerebro está programado para tomar una decisión rápida y clara de sí o no, lucha o huida, hacer clic o hacer *scroll*, leer o saltar, recordar u olvidar.

- La dosis de dopamina de una gran idea o palabra te compra unos segundos más del tiempo de alguien. Cada palabra es una batalla por más tiempo y atención.

- En general, las personas leen solo los titulares y pasan por alto la mayoría de los mensajes de correo electrónico. Ignorarlos se convierte en un mecanismo de defensa; pasar por alto los importantes es un temor constante.

- El equipo de audiencia de Axios descubrió que unas 6 palabras es la cantidad óptima para el asunto. Es lo suficientemente breve para mostrar todas las palabras en el formato de un teléfono móvil.

  Esto te abre la puerta.

EL TONY ROBBINS DE LA VENTA DE CASAS

Eddie Berenbaum —presidente y cofundador de Century 21 Redwood Realty del norte de Virginia— tiene un arma secreta cuando envía *newsletters* a agentes de la competencia a los que quiere contratar.

- Es Tom Ferry, el Tony Robbins del mercado inmobiliario, un *coach* de ventas motivacional que dirige el evento «Cumbres de éxito» y vende camisetas con el lema: «¡Despierta, triunfa, repite!».

- Berenbaum ha comprobado que el mero hecho de poner el nombre de Ferry en el asunto aumenta enormemente las posibilidades de que su público objetivo (agentes inmobiliarios sin tiempo) lo abra.

Berenbaum usa Axios HQ para enviar un informe semanal a más de 100 agentes top, y ha visto cómo se ha incrementado su tasa de apertura. Esto ha generado más negocio y ha alineado a su equipo con los principales objetivos y planes cada semana.

POR QUÉ ES IMPORTANTE: un nombre o marca potente en el titular o asunto —Warren Buffett para un público de negocios, Nike para estudiantes— te da ventaja a la hora de lograr ese único segundo de atención que necesitas para que una persona ocupada y exigente haga clic.

Berenbaum ha descubierto que el contenido útil (consejos y formación) también ayuda a ampliar su *engagement*.

- «Si hacen clic en mi correo electrónico, se están identificando como muy abiertos a sentarse y mantener una conversación», afirma Berenbaum.

Berenbaum aprovecha el formato de la *newsletter* en parte gracias al profesor de lengua que tuvo a los dieciséis años en la Escuela Secundaria Bethel Park de Bethel Park (Pensilvania). El consejo que ha recordado Berenbaum durante 30 años:

- Escribe, vuelve atrás y elimina al menos la mitad de las palabras. Cada vez ganarás en precisión.

1 Empieza por parar.

- Deja de usar demasiadas palabras en un titular o asunto. Limítate a 6 palabras como máximo.

- Deja de ser divertido. O irónico. O críptico. Es confuso, no inteligente.

- Deja de usar palabras muy académicas o jerga empresarial.

2 Una vez que dejes atrás los malos hábitos, empieza otros nuevos y sanos.

- En 10 palabras o menos, escribe la razón por la que te estás molestando en escribir algo.

- Tu escrito debe ser lo más provocativo y preciso posible.

- Las palabras cortas son potentes. Como regla general: una palabra de una sílaba es más potente que una de dos, y esta, a su vez, que una de tres.

- Las palabras potentes son mejores que las aburridas y débiles.

- SIEMPRE verbos activos.

3 Léelo en voz alta.

Confirma que tu texto te hace querer o necesitar más.

PROFUNDIZA: Elegir las palabras correctas determinará si alguien lee o escucha los cientos de palabras que vienen detrás. Piénsalo: puede que pases innumerables minutos u horas escribiendo algo, pero casi no piensas en atraer la atención de los lectores desde el primer momento.

Piensa en todo lo que escribes como si fuera un titular del *New York Times*: debes ser preciso, pero lo bastante provocativo o novedoso para atraer al lector. Por eso los titulares de los sitios web y los periódicos se escriben con fuentes más grandes y oscuras: son el punto de decisión.

Tu titular —o tu asunto en un mensaje de correo electrónico— es el «Eh, oye» del método Smart Brevity.

- Esto significa: tengo algo importante que decir y voy a decirlo de una forma interesante que merezca tu tiempo.

- Si empiezas con: «La economía baja en residuos triunfa», me has perdido. En cambio, «Las *start-ups* sacan dinero de la basura» me llama la atención.

- Aburres a alguien con: «¿Tienes unos segundos para una novedad importante?». Pero lo atrapas si dices: «Gran noticia: me mudo».

- Un tuit en el que nadie hará clic: «Es una gran historia y deberías leerla. Haz clic más abajo». Imagina esto en vez de lo anterior: «EXCLUSIVA: la próxima jugada de Musk».

¡Atrápame!

Hay un método infalible para saber si tienes algo que capta bien la atención: ¿lo leerías si no lo hubieras escrito tú?

- Abre cualquier sitio de noticias de primer orden y verás que está lleno de historias que ni siquiera sus propios reporteros leerían. Y eso lo escriben personas a las que pagan por escribir. No es de extrañar que los principiantes tengan tantas dificultades.

Jamás prepararías una comida gourmet para servirla en un cuenco para comida de perro. Eso es básicamente lo que haces cuando intentas que alguien preste atención a un pensamiento bien elaborado, pero lo pierdes o lo confundes con la frase que debería atraparlo.

Titulares

Las versiones de «antes» son versiones embellecidas de titulares reales de otros sitios web. Las versiones de «después» son titulares que hemos puesto en Axios.

ANTES	DESPUÉS
La variante de coronavirus de California posiblemente sea más infecciosa y cause una enfermedad más seria que la primera	La cepa de COVID-19 de California es más infecciosa que la primera

ANTES	DESPUÉS
El empleo en el sector sanitario mantendrá el crecimiento del mercado laboral estadounidense, incluso si se produce una recesión en el futuro	La contratación de personal sanitario resiste la recesión

ANTES

Por qué algunos estadounidenses no prosperan ante el aumento de las facturas médicas

DESPUÉS

Los estadounidenses tienen
dificultades para pagar
facturas médicas

Frases de asuntos de correo electrónico

ANTES

Algunos seguimientos para el
lunes que comentar en la
reunión de hoy

DESPUÉS

Dos noticias importantes

ANTES

Novedades en nuestros planes
para lidiar con virus/trabajar
desde casa

DESPUÉS

🖥 Nuevo plan de trabajo
remoto

ANTES

Resumen rápido de producto
que debemos revisar: varias
plantillas nuevas por explorar

DESPUÉS

Resumen rápido: 7 plantillas
nuevas

BUENAS PRÁCTICAS

UNA
idea
principal

RECUENTO:

945	3 ½
PALABRAS	MINUTOS

Si hay una idea que debes recordar de este libro, es esta: aprende a identificar y a poner en valor LA idea principal que quieres transmitir.

Y hazlo con UNA frase impactante. O nadie la recordará nunca. Este es el punto más importante, lo que los periodistas denominan «entradilla».

POR QUÉ ES IMPORTANTE: La mayoría de la gente solo retiene fragmentos de lo que lee (sea lo que sea). Leen por encima e intentan responder a dos preguntas:

- ¿De qué se trata?
- ¿Vale la pena que le dedique tiempo?

EL SÍNDROME DE LA PÁGINA EN BLANCO

Un amigo nuestro, Cliff Sims, trabajó para Donald Trump en la campaña de 2016 y en la Casa Blanca y tiene un millón de historias locas. Cliff tiene ojo de escritor y es un narrador de primera. Cuando dejó el Gobierno podía pasarse horas contando historias reveladoras entre bastidores.

- Cuando empezó a escribir un libro, no fluía. Las anécdotas sonaban torpes y distantes.

- Le sugerimos que se las contara a su mujer y que las grabara con el iPhone. Y que luego las transcribiera. Ese sería su libro.

Funcionó: *Team of Vipers* sigue siendo uno de los mejores libros sobre la locura del mundo trumpista.

EL CONTEXTO: Este es el consejo más útil que aprendió Mike en sus inicios:

- Después de hacer una entrevista o cubrir un evento, llama a tu editor, compañero de piso o pareja y cuéntale lo que ha pasado. Esa es tu primera frase. Siempre, sin excepciones.

Este es otro consejo verdaderamente útil que aprendió Mike de Jim: «A nadie le importa un carajo si nadie lo ve ni lo lee».

- La primera frase es tu única oportunidad de decirle a alguien lo que necesita saber y convencerle de que no pase a otra cosa.

- Tienes unos segundos, como máximo, para compartir una respuesta clara. Después de eso, perderás al lector a manos de alguno de los doce mensajes de correo electrónico, pestañas o alertas que luchan por su tiempo.

Nuestro cerebro sabe lo que es más interesante e importante. Después empezamos a escribir, y lo hacemos más complejo, confuso y olvidable. Esto es cierto en todas las formas de comunicación.

- Después de una gran entrevista para *Axios en HBO*, escogimos los mejores momentos e inmediatamente le preguntamos al entrevistador qué le había parecido más interesante.

Por lo tanto, si escribes un informe para tu equipo o un mensaje a amigos, imagina que hablas con ellos en el ascensor y que no tienes mucho tiempo.

- Si fueran a salir por la puerta, piensa una cosa que gritarías para que no la olvidaran. Esa es tu frase inicial.

CÓMO FUNCIONA: Uno de los secretos de los medios de comunicación es que la mayoría de los periodistas son pésimos redactores de titulares. Así que no te sientas mal. Les pagan por hacerlo, y les cuesta.

A John Bresnahan, que trabajó con nosotros en Politico, le picó el gusanillo empresarial y ayudó a crear *Punchbowl News*. Es brusco, gruñón, no tiene la licenciatura de Periodismo y sabe a la perfección cómo debe ser siempre la frase inicial: «Dime algo que no sepa de una p**a vez».

Esta es una primera frase común —y terrible— de un correo electrónico:

MAL	BIEN
«Sé que estás muy ocupada y que tienes mucho que hacer, pero quería decirte que voy a dar una fiesta y que quiero que toque un grupo en directo y que quizá necesite tu ayuda para organizar algunas cosas.»	«Doy una fiesta épica con un grupo en directo.»

O piensa en una historia que tuviera esta entradilla: «El presidente Joe Biden confía en asesores de toda la vida para que le guíen en las duras crisis de política exterior y nacional, y a algunos demócratas les preocupa que este grupo limitado pueda estar complicando su proceso de toma de decisiones». Bostezo.

- ¿Qué tal?: «Joe Biden dirige la Casa Blanca como lo hizo su némesis George W. Bush: con una oligarquía pequeña, secreta y de mentalidad parecida». ¡Vamos!

O cómo podrías pedir un aumento de sueldo: «Llevo aquí tres años, trabajo mucho y tengo una casa y un coche nuevos que necesito financiar, así que me gustaría discutir la posibilidad de aumentar mi sueldo, si está usted dispuesto».

- Prueba esto: «Conozco mi valor y quiero hablar de un aumento de sueldo».

O hablar con un profesor sobre un trabajo: «Perdón por llegar un poco tarde para acabar el trabajo sobre Teddy Roosevelt, pero he topado con muchos imprevistos durante la investigación porque no sé si concentrarme en su estilo de liderazgo o en un enfoque más específico sobre la eficacia de su evidente política medioambiental en Estados Unidos, pero ahora me he decidido por su estilo de liderazgo que, aunque sea amplio y excelente, me da más margen para explorar, investigar y escribir. Prometo que el trabajo final bajo esta óptica será entregado antes del domingo».

- Prueba esto: «Me concentraré exclusivamente en el estilo de liderazgo de Teddy Roosevelt y entregaré el trabajo el domingo».

1 **Concéntrate en tu idea más importante.**

Recuerda priorizar a tu público objetivo.

2 **Sáltate las anécdotas.**

O las bromas. Tampoco presumas.

3 **Limítate a una frase como máximo.**

Ahora escríbela.

4 **No repitas la frase gancho al pie de la letra.**

(Si has usado una.)

5 **Elimina adverbios, palabras aburridas y superfluas.**

¿Es un mensaje directo, conciso y claro?

6 **Ahora, pregúntate:**

Si eso es lo único que esa persona ve u oye,
¿es exactamente la idea que quiero transmitir?

Después pasa a otra cosa.

Por qué es importante

A lo largo del libro nos referiremos a los títulos en negrita como «axiomas» (por ejemplo, «por qué es importante»). Anuncian un contenido accesible.

- «Las cifras»; «El contexto»; «¿Qué ocurre?»; «El otro lado»; «Comprobación de la realidad», todos esos axiomas son indicadores claros que guían a la persona que lee por encima. (Y confía en nosotros: todas lo hacen).

POR QUÉ ES IMPORTANTE: En general, las personas están demasiado ocupadas para comprender no solo lo que es importante, sino por qué lo es. Hazles un favor: Díselo de forma concisa, clara e inspiradora.

Imaginemos que tienes que contar a tu jefe que ha habido una dimisión importante.

ANTES	DESPUÉS
FRASE DEL ASUNTO: noticia con relación al personal para comentarte cuando estés libre...	**FRASE DEL ASUNTO:** 📱 Nuestra directora de personal dimite
Perdona que te moleste, pero, como sabes, Janet Small ha estado haciendo un trabajo magnífico dirigiendo dos de nuestros proyectos más importantes. Bueno, me acaba de informar de que dimite y va a aceptar un trabajo nuevo en otro sitio dentro de unas semanas. Buf. Es un golpe duro. Por lo visto se va a nuestra competencia. Vamos a luchar por conseguir un director de personal nuevo pero estas cosas requieren tiempo. Supongo que puedo ofrecerme para cubrir algunas de sus funciones.	Janet Small acaba de informar que se va en dos semanas a un nuevo trabajo en nuestro principal competidor. **POR QUÉ ES IMPORTANTE:** Janet dirige dos de nuestros tres proyectos estratégicos más importantes. Yo me encargaré de todo mientras encontramos rápidamente a alguien que la sustituya.

- Vale, me has dicho algo nuevo. Pero ¿por qué me importa? ¿Por qué debería recordarlo o compartirlo?

- Sé claro. Explica a quien te lee cómo abordar este tema. Y hazlo sin demora.

ENTRE NOSOTROS: Hemos creado toda una empresa en torno a lo que parece una simple idea de axiomas. Nuestro nombre es un juego de palabras. Axios significa «digno» en griego, es decir, merecedor de tu tiempo, confianza y atención.

- Los axiomas son como señales de tráfico: Te dicen dónde estás y a dónde vas.

- Hacemos que las ideas más importantes empiecen con un axioma y lo ponemos en negrita en historias, mensajes de correo electrónico, presentaciones. Esto da a la mente una señal clara de lo que está procesando. El cerebro decidirá si pasa a otra cosa o «profundiza».

- Básicamente robamos lo que en periodismo se llama el «párrafo clave», la línea o el párrafo que te recuerda por qué estás leyendo esa historia. (En los grandes periódicos donde solíamos trabajar, el párrafo clave solía ser el cuarto o estar más abajo por razones que no podemos comprender.) Afinamos este concepto y lo aplicamos a todas las formas de comunicación.

Estos son algunos más de nuestros axiomas favoritos:

- El contexto
- ¿Y ahora qué?
- Qué estamos viendo
- Qué estamos escuchando
- Entre líneas

- El trasfondo
- En resumen
- En primer plano
- Plano general

CONCLUSIÓN: El método Smart Brevity no es un truco de magia que empieza con un abracadabra, sino algo que se puede aprender y enseñar. Hay algunos trucos para dominar el arte del axioma.

Dale fuerza

BAJO IMPACTO:	AXIOMA FUERTE:
Por esta razón es importante saber	Por qué es importante

BAJO IMPACTO:	AXIOMA FUERTE:
Una tendencia que hemos observado	El contexto

BAJO IMPACTO:	AXIOMA FUERTE:
Veamos los datos	En cifras

BAJO IMPACTO:	AXIOMA FUERTE:
Balance final	Conclusión

❶ «Por qué es importante» es el axioma más común y efectivo.

La gente está ocupada, y sus mentes, nubladas. Anhelan un contexto, aunque no lo sepan ni lo expresen. Pon «Por qué es importante» en negrita.

❷ Después de «Por qué es importante» explica en una o dos frases la importancia de la información contenida en la primera frase.

- ¿Qué cambiará? ¿Una política, una línea de negocio, una estrategia, un enfoque?

- ¿Qué señala? ¿Un cambio de pensamiento, una tendencia?

- ¿Cuál es el contexto más amplio? ¿Es una información anómala, sorprendente o excepcional? ¿Es relevante para algo que has comentado con anterioridad?

❸ La frase o frases deben ser directas y declarativas.

No deben ser redundantes respecto a la frase inicial. Deben añadir y ofrecer perspectiva. Di la entradilla y el axioma en voz alta. Si son lo único que oye una persona, ¿entendería lo esencial?

El éxito es que me dejes con deseo de más porque lo que estoy leyendo me parece nuevo, esencial y fascinante.

4 **Ahora lee las tres partes juntas: el titular, la primera frase y el axioma.**

¿Es suficiente para transmitir lo que consideras más importante de la manera más directa y comprensible posible?

Si la respuesta es afirmativa, has hecho más con 200 palabras que la mayoría de la gente con 20.000.

Profundiza

1.050 PALABRAS	4 MINUTOS

Smart Brevity permite condensar la información esencial en un formato accesible y agradable.

POR QUÉ ES IMPORTANTE: Para dominar el arte de la brevedad debes ofrecer rápidamente, tras el primer axioma (que suele ser «por qué es importante»), profundidad, detalles y matices con un estilo agradable.

- No lo olvides nunca: La mayoría de la gente deja de prestar atención tras unas docenas de palabras y, en el mejor de los casos, ojea el resto.

- Sí, es decepcionante. Pero hay varios trucos para captar y mantener su atención un poco más de tiempo.

Dar al lector el poder para «profundizar» es una frase de cierre Smart Brevity que hace que el lector se sienta satisfecho y te permite señalar un contexto sin sobredosis de palabras.

- En el párrafo de despedida, escribe simplemente «Profundiza» y añade un enlace a la fuente de tu material o a un vídeo, podcast, biografía, mapa, extractos de un libro o tablas cruzadas de una encuesta. Cualquier cosa que permita que el lector profundice.

TE CUENTO UN SECRETO: La mayoría no lo hará. Pero el simple hecho de ver que hay material para «profundizar» le muestra al lector tu interés por su aprendizaje, así como rigor y consideración. Le transmite: He hecho el trabajo para que tú no tengas que hacerlo.

- Mike escribió una *newsletter* sobre ética y programación de un vehículo autónomo. En el peor escenario posible, ¿el coche choca con la persona que tiene delante o se desvía y quizá choca con alguien que está en la acera?

- Mike añadió en la sección para «profundizar» un enlace al reportaje que inspiró su texto y otro a la revista académica del reportaje. De este modo, el lector tenía la opción de captar la idea general rápido, leer un poco más o sumergirse en los matices del debate.

Terminar el artículo con un «Profundiza» es eficaz y elegante, y muestra al lector que Smart Brevity no va en detrimento del matiz o el contexto.

1 Los axiomas son geniales.

Estas señales en negrita captan la atención de forma natural e indican a los demás a dónde te diriges.

- **Nos encanta la señal «Profundiza» porque dice claramente que proporcionarás más datos y contexto más abajo. «El contexto» también funciona.**

2 Usa listas con frecuencia.

Las listas son ideales para destacar ideas o hechos importantes. Crean una pausa y se distinguen por el punto o viñeta, el espaciado y el ritmo que imponen.

- **La regla de oro de las listas: los grandes bloques de texto y cifras no interesan a nadie. Los párrafos separados son más fáciles de ojear. Para explicar tres (o más) conceptos o ideas relacionadas, divídelos en una lista con puntos.**

3 Sé valiente.

Ahora ya has entendido que la mayoría de la gente solo hojea los textos. Si quieres que un axioma, cifra o palabra específica destaque de verdad, márcalo en negrita. Es más oscuro y detectable que las cursivas, y se diferencia de forma evidente del texto estándar. Grita «¡Presta atención a esto!».

④ Mezcla.

Evita párrafos largos, siempre. Limítate a dos o tres frases como máximo. Elimina los bloques largos de párrafos consecutivos. Usa negritas, listas, gráficos y axiomas para romper el flujo 😃.

⑤ Para ya. El mayor defecto y pérdida de tiempo en las comunicaciones es hablar o escribir demasiado.

- Sé como los monjes, disciplinado con las palabras, y zen en la alegría interior de decir más con menos. No es algo natural ni fácil, pero se puede aprender con la práctica.

- Imagina todo el tiempo que ahorrarás a los demás —y a ti mismo— para poder hacer actividades más significativas. Ten esto en tu punto de mira.

- La comunicación más útil a menudo es el silencio.

CARTA A LOS ACCIONISTAS

El presidente y consejero delegado de JPMorgan Chase, Jamie Dimon, escribe una carta anual a los accionistas con grandes reflexiones sobre la empresa, la banca y las tendencias culturales y políticas en general. En 2021 tenía 32.000 palabras, más que este libro.

- **POR QUÉ ES IMPORTANTE:** Líderes empresariales, gubernamentales y analistas financieros esperan la carta con impaciencia. Puede que sea inteligente y esté dividida en varias secciones clave, pero no es breve.

- Su personal pidió a Axios que redactara una *newsletter* Smart Brevity para captar los mensajes clave de su carta y la compartiera con una audiencia más amplia. Fue un éxito, y 30.420 palabras más corta. (No te preocupes, ofrecía el *link* a su carta completa.)

DATO CURIOSO: Jamie fue una de las primeras personas a las que contamos nuestro plan de lanzar Axios.

- Lo que Jamie (y su personal) quieren es que el máximo número de personas posible lea y recuerde sus puntos más importantes. Eso implica sintetizar y jerarquizar.

    Esta es la versión que se creó usando Axios HQ:

Subject   LA VISIÓN DE JAMIE PARA EL FUTURO

2020, UN AÑO EXCEPCIONAL. Una pandemia, una recesión global, elecciones turbulentas y una profunda injusticia social y racial nos han obligado a todos a reflexionar sobre las cuestiones que desgarran el tejido social.

«LA DESIGUALDAD COMO FRACTURA. Y su causa nos está mirando a la cara: nuestra propia incapacidad para ir más allá de nuestras diferencias e intereses personales y actuar por el bien común», afirma Jamie.

- «La colaboración entre empresas y gobierno puede conquistar grandes retos: desigualdad de ingresos, oportunidad económica, educación y sanidad para todos, infraestructura, precio asequible de la vivienda y preparación ante desastres, entre otros.»

Las soluciones empiezan por un liderazgo fuerte, a escala local y mundial:

- Los sistemas financieros inteligentes bien concebidos pueden favorecer la creación de patrimonio seguro y duradero. Debemos desarrollarlos.

- Los alcaldes, educadores y líderes locales elaboran las políticas que favorecen la emancipación de sus ciudadanos. Debemos colaborar con ellos.

- Las empresas locales crean las oportunidades que las comunidades necesitan para mantener una economía sana. Debemos potenciarlas.

- Los líderes deben dar prioridad a un Plan Marshall global y plurianual para un crecimiento sano. Debemos apoyarlo.

«CUANDO TODO EL MUNDO TENGA UNA OPORTUNIDAD JUSTA de participar —y compartir— las recompensas del crecimiento, la economía será más fuerte y nuestra sociedad será mejor», añade Jamie. A continuación exploraremos las vías que harán triunfar la igualdad.

Send

10

Las palabras adecuadas

RECUENTO:

| 1.123 PALABRAS | 4 MINUTOS |

Mark Twain dijo: «La diferencia entre la palabra casi correcta y la adecuada es la misma que entre la luciérnaga y el rayo».

POR QUÉ ES IMPORTANTE: Lo mismo sucede con las palabras fuertes frente a las débiles, las frases cortas frente a las largas y la comunicación eficaz frente a la mediocre. Golpea fuerte como un rayo, no molestes como un insecto.

Hemos criticado mucho y con razón a los periodistas en este libro, pero la redacción en los negocios es como mínimo igual de mala. No digas «nivel de precios» si te refieres a «precios». No digas «competencia básica» si quieres decir «habilidad». La escritura inteligente y concisa es lineal, no retorcida: Sujeto. Verbo. Predicado.

- Un viejo editor de noticias locales nos dijo una vez que nunca llamarías al plátano «fruta amarilla y alargada». En cambio, cuando escribimos, lo hacemos sin parar.

- Nunca dirías a tu pareja: «Con temperaturas récord que afectan al oeste y al sur, y máximos locales cercanos a los tres dígitos, voy a valerme del aire acondicionado que hay en las proximidades». ¡No! Dirías: «Hace calor. Voy adentro».

- No tiene por qué ser así. Hay trucos simples que he aprendido que se pueden aplicar a cualquier cosa, desde tuits hasta libros.

- Tu trabajo escrito destacará en comparación con los galimatías que lanzan tus colegas.

VUELTA AL COLE

Mark Smith, profesor de secundaria de Falls Church (Virginia), se dio cuenta de que los padres no leían realmente sus correos electrónicos.

- Lo ojeaban, omitían puntos clave y luego se molestaban por no haber sido informados.

- «Reaccionaban a la mitad de la información —recuerda—. Era una pesadilla.»

Smith, que enseña ingeniería en la Escuela Secundaria Luther Jackson, lee las *newsletters* de Mike. Así que decidió probar el método Smart Brevity.

- Incluso indica el número de palabras y el tiempo de lectura, igual que hacemos en las *newsletters* de Axios.

- Misión cumplida. Smith sabe que la mayoría de los padres solo leerán las palabras en negrita (no solo los niños son holgazanes), así que ahí van todos sus puntos clave. «Al final, lo entienden», dice.

Smith señala un área en la que sus estudiantes de trece y catorce años llevan ventaja a la gente de más edad. Les encanta la brevedad, pero no por la neurología ni la psicología que hay detrás.

- Tal como dice su profesor: «Solo quieren escribir lo mínimo posible».

CONSEJOS Y TRUCOS

❶ Más corto siempre es mejor.

Una regla general y fácil es que una palabra de una sílaba es más potente que una de dos, y esta, más que una de tres. En los titulares utilizamos palabras de una sílaba.

❷ Usa palabras FUERTES.

Una palabra fuerte es vívida, precisa y —lo más importante— es algo que puedes ver. Es algo real. Una palabra débil es abstracta —no la puedes ver, tocar, saborear ni fotografiar (como «proceso» o «civismo»).

- **Palabras fuertes: Cualquier sustantivo monosílabo (pez, sol, voz). Cualquier verbo de una sílaba (ver, ir, ser).**

❸ Elimina las palabras DÉBILES.

Una buena regla general consiste en eliminar una palabra que no dirías en un bar o en la playa. Estas palabras débiles o demasiado rebuscadas adoptan muchas formas.

- **Palabras elegantes: La poderosa abuela de Mike las llamaba «palabras de diez dólares». Tú las puedes llamar «palabras del concurso de deletrear» porque se supone que te hacen parecer inteligente pero, en realidad, solo haces el ridículo. Las palabras cortas que marcamos entre paréntesis son mejores.**

vociferante *(ruidoso)*
tergiversar *(mentir)*
sentencioso *(moral)*
enigma *(problema)*
incongruente *(absurdo)*
paradójico *(malo)*
prominente *(perfecto)*

cónclave *(reunión)*
vicisitud *(cambio)*
quintaesencial *(clásico)*
amplitud *(gama)*
verosimilitud *(veracidad)*
elucidar *(explicar)*

- Palabras que ningún humano diría: solo existen en periodismo, el mundo académico, grupos de reflexión y trabajos de investigación. Cuando trabajábamos en periódicos, los editores listos las llamaban «jerga periodística», una lengua en extinción, por suerte.

disertación *(charla)*	**penuria** *(escasez)*
problemática *(problema, desastre)*	**razón de ser** *(propósito)*
	ubicuo *(por todas partes)*
presuponer *(suponer)*	**veracidad** *(verdad)*
carestía *(falta)*	**altercado** *(pelea)*

- Hemos entrenado a Axios HQ para que detectara y sustituyera las palabras débiles como parte del programa, así que es evidente que todos podemos aprenderlo y llevarlo a la práctica.

❹ Evita palabras confusas.

Podría, *puede*: normalmente, no te dicen nada respecto a lo que está ocurriendo.

- «Podría pasar casi cualquier cosa.» Esta frase no sirve para informar, convencer o deleitar al lector. Y todo eso es precisamente el sentido de escribir.

- En vez de eso, di lo que está sucediendo: ¿Es algo «planificado» o que se «está considerando» o «debatiendo»? ¿«Se teme», «se espera» o «se cree»?

- Cualquiera de ellas te dice algo útil. No hagas perder el tiempo a la gente con vaguedades.

Continúa en la página siguiente

⑤ Usa verbos activos.

Un verbo activo aporta acción a tu texto. Es alguien haciendo algo: Roy corre en un Miata.

- **Un verbo pasivo es más confuso. Es alguien que hace una observación: «Se dice que Roy corre en un Miata».**

- **Voz activa: «Los talibanes tomaron Afganistán». Voz pasiva: «La situación en Afganistán continúa deteriorándose desde la perspectiva de la seguridad».**

- **En la escuela primaria aprendimos: «Quién hace qué». Esa sencilla fórmula siempre produce una construcción fascinante.**

CONCLUSIÓN: No me hables de una historia. Cuéntamela.

⑥ Atrévete con las frases fuertes.

Cortas, nítidas, impactantes = memorables, claras, inteligentes.

«Jesús lloró.» Estas son las dos palabras más cortas y potentes de toda la Biblia. Nueve letras y un versículo vívido y contundente del Evangelio según san Juan. Captó la humanidad, humildad y emoción terrenales de Jesús.

- **Japón se rinde.**

- **Las ventas caen.**

- **Los ingresos explotan.**

- **Dimito.**

- **Los campeones pierden.**

7 Léelo otra vez.

Después de escribir una frase inicial, mira cada palabra para ver si la puedes decir con menos sílabas. Con cada cambio llegarás a una palabra más potente.

• No «tomes represalias» si puedes «vengarte».

EL CONTEXTO: Una frase es mejor que dos, y dos, mejor que tres. Debes ser tan implacable con tus frases como con tus palabras. Y debes serlo aún más con tus párrafos.

Presenta tus palabras para que impacten.

TEST RÁPIDO PARA DETECTAR PALABRAS FUERTES

Mike trabajaba en la policía nocturna cuando acudió a un taller de escritura con la difunta Paula LaRocque, una famosa *coach* de redacción en el *The Dallas Morning News*. Mike recuerda que leyó un pasaje sobre un pez. Era evocador y concreto.

Todos podían imaginárselo. Paula preguntó a los asistentes por la particularidad del estilo.

Nadie supo verlo. Cada palabra era solo de una sílaba. El poder radicaba en la simplicidad.

11

Emojis

549 PALABRAS	56 EMOJIS	2 MINUTOS

Emojis

El *summmum* de la brevedad es decir algo sin palabras. Bueno, 👬, te presento a los emojis.

POR QUÉ ES IMPORTANTE: los emojis, antes reservados solo para uso de niños y bromas, pueden ahorrarte mucho 🕐 transmitiendo emociones, intenciones e incluso matices.

⚠ Es fácil abusar de ellos o utilizarlos sin criterio. Pero usados con moderación y eficacia, son 🔥.

ENTRE NOSOTROS: Mike no tocó un emoji durante años. Creía, y estaba en lo cierto, que Jim se burlaría de él. Pero cuando lanzamos el primer paquete de *newsletters* de Axios en 2017, buscábamos maneras de demostrar que nuestros textos eran 💡 + 😊.

- Queríamos mostrar que nos tomábamos en serio a nuestra audiencia y nuestros temas, pero no demasiado en serio a nosotros mismos.

- Algo que nos permitió hacerlo desde el primer día en las *newsletters* fue usar los GIF como arte. Muchos procedían de la biblioteca GIPHY, abierta a todos y muy recomendable.

- Los emojis son ya una poderosa herramienta de comunicación tanto profesional como informal, siempre que se utilicen con prudencia, inteligencia y, lo más importante, moderación.

Si los usas demasiado, rozarás el ridículo. Pero si los pones en el momento adecuado, ayudan al instante a señalar el tono o el tema del artículo, ahorrándote tiempo a ti y al lector, al situarlo en el estado mental adecuado.

No conocemos ninguna ciencia al respecto, pero insertar una 🔔 antes de una alerta de noticia de última hora sí que parece animar las tasas de apertura. Es arte. Arte digital.

- En su *newsletter*, Mike usa «📊 datos del día» como titular. Los lectores identifican al instante de qué va a tratar el artículo.

- Usa este 📦 para Amazon o 🛒 para Walmart. Sé enseguida de lo que hablamos. Y lo mismo con 🇮🇹, 🇬🇧 y 🇨🇳.

- ✈️ funciona bien. 🔥 me llama la atención. 🔪, 💥, 🔔 y ⚡ te traen la última noticia.

Emojis útiles para la comunicación empresarial:

Datos o sondeo 📊

Elecciones 🗳️

Excelente rendimiento 📈

Rendimiento a la baja 📉

Perfecto 💯

Ay 🤕

Fecha tope ⏰

Opinión sobre restaurante 🍽️

Dispositivos 💻 📱

Deportes	⚽ 🏏 🏀 🏐 🏈 🎾 🥍
Comida	🥞 🍕 🍟 🍔

Los emojis también son útiles en los diálogos cotidianos:

- No necesitas decir nada más usando 🎂.
- En nuestras *newsletters* se señala *Axios en HBO* con 🎬.
- Para referirnos a una película ponemos 🎞 o 🎥.
- 🎧 siempre es un podcast o música.
- Y la gente adora los emojis vintage: 📺 🎙 📽.

Aquí tienes otra razón para que los emojis sean tus amigos: Un emoji en un asunto de correo lo hará destacar al instante en la bandeja de entrada. Pruébalo y verás el efecto.

- Los chicos del correo electrónico empresarial *Morning Brew* han usado con mucho éxito 👄 como parte de su estrategia de marca. Lo usan cada mañana para que destaque cuando la gente escanea rápido su bandeja de entrada. Cada truco cuenta en la guerra por la atención.

- Mike empieza el asunto de su *newsletter* matutina con «🎯 Axios AM», lo que crea familiaridad y hábito.

- *Axios PM*, nuestra *newsletter* de la *happy hour*, lleva un 🥁 en el asunto. Redoble de tambores, por favor.

- Y, por supuesto, estos no necesitan traducción: 🤯 😱 💃.

CONCLUSIÓN: Utiliza emojis como 🏃 y tus resultados serán 🏅.

Parte 3

El método Smart Brevity en acción

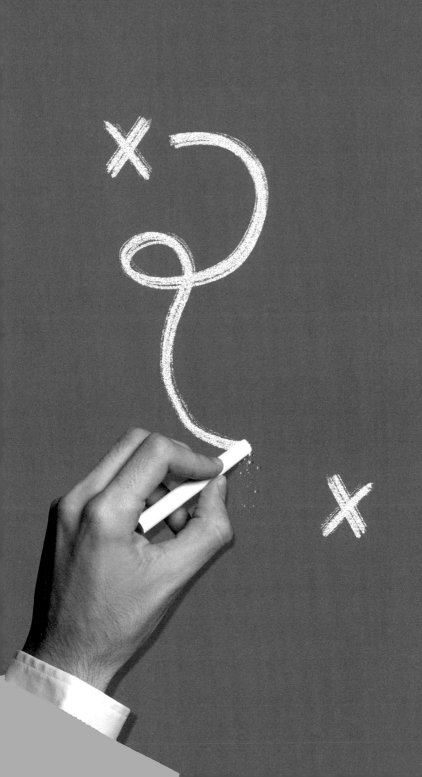

El manual de Mike

RECUENTO:

| 1.113 PALABRAS | 4 MINUTOS |

Mike ha escrito una *newsletter* matutina todos los días, 365 días al año, durante 15 años. Eso son más de 2.500 *newsletters*, con solo 7 días de vacaciones para subir una montaña de Maine y recuperarse de esa aventura.

POR QUÉ ES IMPORTANTE: No es algo que una persona cuerda se propondría hacer. Pero los trucos, estrategias y descubrimientos de Mike, un verdadero precursor, pueden ayudarte a dominar el arte de la *newsletter* moderna y concisa.

ENTRE NOSOTROS: Jim y Mike empezaron Politico en 2007 con John Harris, un amigo del *Washington Post*. John y Jim eran jefes, y Mike, el reportero sobre el terreno, redactando noticias y construyendo la poco conocida marca Politico en DC.

- Cada día, al alba, Mike escribía un mensaje de correo electrónico a Jim y John con el asunto «Cómo podemos arrasar hoy». Proponía los temas e historias que la publicación perseguiría ese día.

- El correo electrónico de Mike seguía un formato muy concreto. Siempre empezaba con una noticia fresca o una revelación, el santo grial del periodismo: «Cuéntame algo que no sepa».

Después, Mike revelaba lo mejor de la actualidad publicado en los grandes medios y contaba lo que le había explicado alguna fuente o había conocido la víspera. Luego contaba a los lectores lo que iba a hacer hoy. Normalmente cerraba con algo divertido o gracioso.

En aquel momento no sabíamos que iba a ser algo gordo. Solo era un memorándum inteligente y desenfadado que Mike enviaba a sus jefes. Pero un día Harris estaba hablando con Howard Wolfson, uno de los principales asesores de Hillary Clinton en su lucha contra Barack Obama por la candidatura presidencial demócrata en 2008.

- Hablaban sobre cómo iba Politico y Harris dijo: «Mikey me envía cada mañana un correo electrónico estupendo en el que me cuenta todo lo que pasa». Wolfson le preguntó si podía recibirlo.

Así fue como la *newsletter* diaria de Mike, que ayudó a lanzar una industria y dos *start-ups*, consiguió su tercer suscriptor. Y corrió como la pólvora entre los demócratas y republicanos. A partir de aquel momento le pusimos el nombre *Politico Playbook*.

El manual de Mike

En 2010, el *New York Times Magazine* publicó un artículo de portada sobre Mike: «El hombre con el que se despierta la Casa Blanca».

- «No tienes que hacer nada más, solo leer a Mike Allen», proclamó el legendario reportero del *Washington Post* Bob Woodward en *Morning Joe*.

- Dan Pfeiffer, director de comunicación de la Casa Blanca con el presidente Obama, declaró al *Times* que Mike era el periodista «más poderoso» e «importante» de Washington.

- Y todo por una *newsletter*.

ENTRE NOSOTROS: Antes de descubrir el poder de las *newsletters*, Mike era un reportero enérgico e ingenioso, pero nunca iba a llegar a ser Bob Woodward ni Doris Kearns Goodwin. Los textos de prosa elegante y las revelaciones conmovedoras nunca habían sido su fuerte. Era mucho mejor en persona que delante del teclado.

- Y eso mismo nos pasa a la mayoría: nos comunicamos con más claridad y frescura hablando que escribiendo. Smart Brevity te ayuda a desbloquear esa conversación natural. Eso fue lo que hizo por Mike, con gran éxito.

El *Politico Playbook* que Mike escribió durante más de nueve años era comunicativo e ingenioso y tenía una audiencia envidiable: es cierto que la Casa Blanca lo leía nada más levantarse.

- Pero cuando lo miramos ahora, parece caótico: pedía a su audiencia más de lo que era razonable. Tenía miles de palabras, estaba vagamente organizada y no daba ninguna idea de lo que realmente había pasado y por qué. Seguía siendo una carta a un amigo, pero un amigo que, con suerte, tenía mucho tiempo libre.

Cuando empezamos a preparar Axios, a Jim se le ocurrió imponer una disciplina: solo 10 artículos numerados para dar una idea de lo que importaba cuando empezabas la jornada. El nuevo enfoque de Jim era que no debíamos limitarnos a hacer *Playbook* bajo una nueva marca, sino inventar una forma nueva.

Mike se resistió al principio, insistiendo en la importancia del formato largo para sus lectores.

Pero entonces probó una maqueta utilizando la elegante interfaz que Axios había creado: diez secciones distintas adaptadas al formato iPhone. El efecto fue liberador para él, el escritor, y delicioso para el lector. Redujo el número de palabras a la mitad.

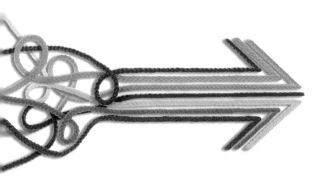

❶ Tú eres el chef.

El arte de la brevedad es también el arte de la selección. Al reducir al mínimo la selección para tu lector, aumentas la probabilidad de que se quede con ganas de más.

- Escribir es como un bufet bien surtido en el que eres tú el que elige lo que quiere.

- ¡No hagas que sean los lectores quienes elijan lo que importa! Tú dominas tu contenido, has preparado la idea y sabes lo que importa. Sírveselo en bandeja.

❷ La brevedad es confianza.

A Mike le costó al principio. Sentía que tenía mucho que decir y quería incluirlo todo. Pero cuando colocó al lector en el centro de su escritura, todo cambió. Y el número de palabras decreció de forma espectacular.

- Un fin de semana de Semana Santa, Mike estaba con su familia en un lugar con conexión lenta a internet y pocas noticias. Dijo: «Estamos en Semana Santa, nadie se va a quejar si su *newsletter* no es lo bastante larga». Así que en vez de su Mike's Top 10, envió un Mike's Big 6.

- Cuando volvió al formato regular el lunes, recibió mensajes de correo electrónico preguntándole por la manera de suscribirse al Big 6. Fue algo revelador, y una lección de humildad.

3 **Prueba las virtudes del altruismo.**

Una vez que te veas a ti mismo sirviendo a tu audiencia, la gente lo notará, te recompensará, confiará en ti, te recibirá bien y te leerá o te escuchará de verdad.

- **Piensa en lo que lees tú de verdad. Entonces, ¿por qué obligar a tu audiencia a consumir más que eso?**

- **Si la gente sabe que eres selectivo, te escucharán cuando les digas: «Presta atención a esto».**

4 **Conviértelo en un juego.**

Es bastante divertido poner la prosa a dieta. Mike juega a un juego cuando revisa la *newsletter* de otra persona: Quita palabras (a veces, cientos) y, después, desafía al autor a encontrar las que faltan. Sin éxito, en general.

- **Es una dieta de palabras. Nunca es fácil. Requiere disciplina. Pero tu aspecto mejora y estás más saludable.**

- **Nuestro software Axios HQ lleva esto al siguiente nivel y te puntúa mientras escribes para que tomes conciencia de tu progreso.**

13

El arte de la *newsletter*

RECUENTO:

| 1.432 PALABRAS | 5 ½ MINUTOS |

Para compartir información importante —y atraer la atención de los lectores— no hay nada mejor que una *newsletter* inteligente y ágil redactada con Smart Brevity.

POR QUÉ ES IMPORTANTE: Las *newsletters* están disparando su popularidad en el periodismo y los lugares de trabajo porque aportan orden y eficacia a temas o asuntos complejos.

- Solo el *New York Times* ofrece más de 50 *newsletters*.

- Puedes convertirte en un héroe para tu club de lectura, clase, grupo de voluntariado, compañeros y jefes redactando tu propia *newsletter*, si lo haces correctamente.

ENTRE NOSOTROS: La gente no soporta los memorándums, pasa de los informes y se olvida de los mensajes de correo electrónico. Nos ocurre a nosotros y te ocurre a ti. En cambio, una *newsletter* Smart Brevity, aunque sea para un pequeño grupo de trabajo o de amigos, exige ser leída e incluso puede ser un placer. Añádele un toque de ligereza: un GIF, una tira cómica, una noticia personal, fotos del equipo. No tardarás en volverte popular y distinguirte entre la multitud.

Como alguien que intenta comunicar, de repente tienes el FOMO de tu lado. ¿Quién quiere ser el único miembro del equipo que no ha visto el anuncio de boda que pusiste al final de tu *newsletter* interna semanal?

PROBLEMAS TEXTUALES

Elizabeth Lewis, directora de comunicación del alcalde de Austin (Texas), Steve Adler, sueña con un mundo de breves ráfagas de información. Pero a su jefe le gustan las palabras.

- «El alcalde prefiere textos largos, pero ese no es el mundo en el que vivimos —dice Lewis—. Adoptamos Smart Brevity para acercarnos al modo de consumir información hoy.»

El alcalde, por insistencia de ella, empezó a usar el sistema Axios HQ y Smart Brevity para conectar con sus votantes. El éxito fue tal que ahora Lewis lo usa para el resumen del concejo municipal que suele enviar a los medios de comunicación.

- «Los reporteros quieren el discurso más corto posible —dijo—. Así es como consumen información. Y yo, igual. Quiero saber que eso solo va a suponer tres minutos de mi tiempo.»

Lewis compara los correos electrónicos densos y confusos con los problemas de matemáticas que hacía en la escuela.

- Como escritora y lectora, aprecia el espíritu de síntesis que facilita el método Smart Brevity.

Lewis afirma que tiene un sueño de comunicación: «Un mundo que use exclusivamente listas». Es curioso, esa es también nuestra fantasía.

1 **Pon un nombre de una o dos palabas a la *newsletter*.**

Debe tener gancho pero también ser claro y transmitir su propósito y espíritu.

2 **Indica el tiempo de lectura.**

Especifica cuánto tiempo le pides al lector. Utiliza un «contador» o indica simplemente el número de palabras y la duración de la lectura.

- **La persona media lee unas 265 palabras por minuto. Es el número que usamos en este libro para calcular el tiempo de lectura. Haz tus propios cálculos.**

3 **Ve a lo importante.**

El primer elemento que escribas debe ser «algo importante». Empieza con esto en el titular para señalar algo crucial que está pasando. Después pon un titular claro y contundente.

- **Ejemplo: «Importante: Vendemos la empresa».**

4 **No seas desordenado.**

El primer gran error que comete mucha gente es no obsesionarse por el tipo de letra, el tamaño del texto. Asegúrate de crear una *newsletter* atractiva a la vista.

5 **Jerarquiza la información.**

- **El arte de la brevedad es también el arte de la selección. Cada punto debe ser esencial, aumentando así sus posibilidades de ser leído.**

6 **Numera los elementos y verifica la longitud total.**

Los lectores adoran conocer el tiempo requerido para así poder gestionarlo.

continúa en la página 126

Axios AM

Introduce tu dirección de correo electrónico   Suscríbete →

6 de abril de 2022

∧ Mike Allen

¡Feliz miércoles! *Recuento Smart Brevity de hoy: 1.182 palabras... 4 ½ minutos. Revisado por Zachary Basu.*

📋 **Atención:** hoy se anunciarán nuevas sanciones a Rusia

⏳ *Dos maestros*: Jonathan Swan entrevista al líder republicano del Senado Mitch McConnell en el escenario **mañana** a las 8.30 de la mañana, hora del Este. Regístrate aquí para asistir en persona (D.C.) o virtualmente.

Importante: Nueva fuerza laboral

La victoria histórica de los trabajadores de Amazon la semana pasada en la ciudad de Nueva York puede acabar estimulando el crecimiento de los sindicatos del país tras décadas de descenso. Escribe Emily Peck de Axios Markets.

- **Por qué es importante**: La nueva corriente de esta fuerza laboral llega cuando un mercado laboral rígido empodera a trabajadores de formas que parecían imposibles.

Una confluencia notable de factores, entre los que se incluyen una Casa Blanca a favor de los trabajadores, una pandemia que ocurre una vez cada siglo y un mercado laboral muy rígido, ayudaron a los trabajadores de Amazon de Staten Island a lograr una victoria sindical digna de David contra Goliat, casi sin respaldo de la fuerza laboral tradicional e institucional.

- **«Ha entusiasmado** a todos los miembros y líderes de la organización», afirmó Mary Kay Henry, presidenta del sindicato SEIU (Service Employees International Union) que cuenta con 2 millones de miembros.

- **Los organizadores de Staten Island** afirman haber sido contactados por empleados de otros 50 centros de Amazon de Estados Unidos.

Entre líneas: La victoria es un golpe para los sindicatos tradicionales que han fracasado en sus intentos de sindicalizar plantas de Amazon.

😮 **¿Y ahora qué?:** Otras grandes empresas están tensas por el significado que tiene esto para ellas.

- **El director ejecutivo de Starbucks**, Howard Schultz, dijo a un empleado del ayuntamiento que las empresas «están siendo asaltadas, de muchas formas, por la amenaza de la sindicalización».

Amazon afirmó en una declaración sobre el voto de Staten Island: «Creemos que tener una relación directa con la empresa es mejor para nuestros empleados. Estamos evaluando nuestras opciones, lo que incluye presentar objeciones».

- *Comparte esta historia*.

- Indica cuántos elementos habrá. Entre cinco y diez es ideal. Cualquier cosa más larga es un libro, no una *newsletter*. Redúcela.

- Cualquier cosa de más de 1.200 palabras es demasiado larga. Menos de 1.000 es ideal. Redúcela.

7 ## Atrapa a tus lectores.

Escoge una foto o imagen con impacto que sea relevante. No pongas una vista panorámica de la montaña de Montana en un artículo sobre la venta de tu empresa.

8 ## Brevedad, siempre.

Cada punto debe tener 200 palabras como máximo, por respeto al tiempo de tus lectores.

- Nuestra investigación muestra un gran abandono tras 200 palabras. Si es necesario, proporciona links a informes o sitios web que permitan «profundizar» a los lectores.

9 ## Hazlos sonreír.

Acaba con algo gracioso o personal.

- Nosotros usamos los titulares «Una cosa divertida» o «Una sonrisa para llevar» en el titular.

10 ## Prioriza las infografías simples o las imágenes que hablan por sí mismas.

4. 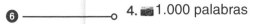1.000 palabras

La vicepresidenta Harris, el presidente Biden y el expresidente Obama llegaron ayer a un <u>evento</u> en la Sala Este que marcaba el 12 aniversario de la aprobación de la ley de protección al paciente.

- **Era la <u>primera</u> vez que Obama** volvía a su antigua casa desde que dejó el cargo hace más de cinco años.

«Confieso haber oído que el presidente actual había hecho algunos cambios [risas] desde la última vez que estuve aquí», dijo Obama mientras se preparaba.

- **«Se ve que ahora** los agentes del servicio secreto tienen que llevar gafas estilo aviador [risas]. El comedor de la marina ha sido reemplazado por una heladería.»

Obama añadió: «Tengo que llevar corbata, cosa que rara vez hago hoy en día».

- *Lee los comentarios.*

5. Punto positivo en el Área de la Bahía

Las 25 metrópolis más dinámicas de EE. UU.

Según el informe de Heartland Forward «Metrópolis más dinámicas», 2021

Datos: Informe de Heartland Forward «Metrópolis más dinámicas». Mapa: Baidi Wang/Axios.

Hemos informado acerca de las personas que huían del Área de la Bahía en este mundo de teletrabajo. Pero un informe nuevo nos recuerda por qué tantos titanes y trabajadores se quedan.

Las metrópolis más dinámicas en el aspecto económico tienen industrias diferentes, una mezcla de empresas jóvenes y oferta de diversión, escribe Worth Sparkman de <u>Axios Northwest Arkansas</u> a partir de un <u>informe</u> de Heartland Forward.

- **El índice se basa** en un «crecimiento reciente del empleo, el sueldo y el PIB, así como de dos métricas de emprendimiento (densidad de actividad de empresas jóvenes y densidad de trabajadores con buena formación) y...

Importante

Por qué es importante

Conclusión

Entre nosotros

Profundiza

14

Haz que te escuchen en el trabajo

RECUENTO:

| 1.295 PALABRAS | 4 ½ MINUTOS |

En ningún sitio la brevedad es más eficaz y esencial que en el trabajo.

POR QUÉ ES IMPORTANTE: Puede mejorar tu rendimiento y tu capacidad de influencia, sin importar tus funciones, demostrando tu inteligencia y tu eficacia en las comunicaciones profesionales.

- Tanto los directivos como los compañeros de trabajo se darán cuenta de la utilidad de tus informaciones, ahorrándoles tiempo y proporcionándoles un contexto útil (y te recompensarán por ello).

- Te dará una gran ventaja profesional porque a la mayoría de las personas se les da fatal la comunicación eficaz.

EL CONTEXTO: Se está produciendo una revolución en tiempo real en el lugar de trabajo que cambiará radicalmente y para siempre la forma de actuar, relacionarse y destacar de las personas. Se acabaron los días en los que los equipos de dirección jerárquicos y herméticos daban órdenes a los empleados obedientes en oficinas tradicionales.

Comienza la era de los empleados idealistas que trabajan en remoto y exigen transparencia y sentido en el trabajo. La cultura será tan importante como la estrategia o la ejecución.

- Las comunicaciones serán el frente principal en esta revolución. Quienes se comuniquen de manera sintética, genuina y directa ganarán. En cambio, quienes se aferren a las formas cerradas y saturadas del pasado desaparecerán.

Hablamos con directores ejecutivos y líderes de las *start-ups* más pequeñas y también de empresas de la lista Fortune 500. Todos piensan lo mismo: están sepultados en pilas de mensajes de correo electrónico sin leer, mensajes de Slack recibidos pero no revisados, memorándums llenos de digresiones o comunicados de la empresa demasiado largos y aburridos.

- Esto es paralizante y confuso, y hace que a muchas organizaciones les resulte mucho más difícil ver qué es lo más importante en el preciso momento en que la gente está dispersa trabajando a distancia.

Gallup, que lleva realizando encuestas desde la década de 1930, descubrió que hay dos factores que hacen que la gente se sienta bien en su trabajo y permanezca en él: las relaciones estrechas con los compañeros y el compromiso.

- El 74 % de los que se sienten desvinculados de su trabajo están buscando empleo activamente. Están dispuestos a aceptar cualquier aumento de sueldo y, a veces, incluso un recorte salarial a cambio de un cambio de aires, si tienen la oportunidad.

No va a ser más fácil. Jon Clifton, director ejecutivo de Gallup, dijo en otoño de 2021 que solo el 30 % de todos los trabajadores volverían a tiempo completo a la oficina. De los que no quieren volver, la mayoría dicen que preferirían cambiar de trabajo o ganar menos dinero que volver.

Esto representa una gran oportunidad para quienes saben comunicar de forma clara e inspiradora. Para la agencia internacional de comunicación Edelman, la autonomía y el impacto social son dos factores de motivación esenciales para los trabajadores, junto a los salarios y la proyección de la carrera. Un asombroso 61 % de los encuestados afirmaron que aceptarían o rechazarían a un empleador por cuestiones sociales. (Informe The Belief-Driven Employee, 2021.)

Comunicar los valores de la empresa es ahora esencial tanto para atraer como para retener a los mejores talentos. Los usuarios de Axios HQ descubrieron que las notificaciones semanales de cada departamento, proyecto o equipo hechas con una plantilla y un ritmo predecibles ayudan a lo siguiente:

- Alinear a las personas en torno a valores, estrategias y una cultura común.
- Explicar los planes y progresos en materia de diversidad, inclusión e igualdad.
- Jerarquizar las tareas pendientes.
- Informar a compañeros y clientes de los progresos o cambios.
- Hacer seguimiento de las reflexiones y decisiones estratégicas esenciales.

Nuestras investigaciones demuestran mejoras sustanciales en todas estas áreas después de adoptar el método Smart Brevity (profundiza en SmartBrevity.com).

❶ Mensajes, informes o correos electrónicos:

Comunícate de manera concisa, auténtica y constante.

❷ Gestión de equipo:

Si diriges un equipo, envía cada semana una *newsletter* breve y útil a tus colaboradores (consulta el capítulo 13). Anima a tus colaboradores directos a hacer lo mismo.

- Un mensaje un domingo o a primera hora del lunes es lo que funciona mejor para alinear a la gente para la semana entrante.

- Los mensajes enviados por la mañana maximizan las tasas de apertura.

❸ Tus presentaciones:

Los PowerPoints favorecen el exceso de información. La gente ahoga sus ideas o propuestas con arte mediocre y verborrea, y luego repiten lo mismo en doce o más diapositivas. Una solución rápida:

- Empieza tu presentación condensando tu gran idea. Usa los trucos del capítulo 6.

- Cada idea que expongas en una diapositiva debe tener un titular igual de preciso y, después, una lista con frases cortas. Regla general: Si tienes más de 20 palabras en una diapositiva, dale una vuelta.

- Tus elementos visuales deben ser claros, simples y adictivos (consulta el capítulo 20).

- Rara vez debes pasar de cinco o seis diapositivas.

- Acaba donde empezaste: repitiendo tu gran idea. Luego para.

LA BREVEDAD EN UN GRAN GRUPO

Geoff Morrell, antiguo jefe de comunicación de la gigante petrolera BP, fue la primera persona en popularizar Smart Brevity en una gran empresa.

POR QUÉ ES IMPORTANTE: el éxito rápido de Morrell demostró que se puede llamar la atención en la oficina, la escuela o el vecindario e influenciar en la forma de comunicarse de los demás. También nos inspiró a escribir este manual.

EL TRASFONDO: Antes de BP, Morrell trabajó en el Pentágono. Recordaba ver largos memorándums con un resumen corto titulado «BLUF», que significa «Bottom Line Up Front» (Lo fundamental al principio) la versión militar de Smart Brevity. Todo el mundo leía el «BLUF» y casi nadie el memorándum.

Morrell quería su propio BLUF. Nos pidió que le enseñáramos el método a él y a su equipo.

Primero creó una *newsletter* interna para alinear a la dirección y al poco tiempo lo extendió a toda la empresa. Lo llamó *ITK*, abreviatura de *In the Know*.

- Axios HQ ha formado en Smart Brevity a más de 500 comunicadores de BP de todo el mundo y ahora sus comunicaciones internas y externas respiran esta filosofía. Sus tasas de apertura aumentaron drásticamente, y los líderes de diferentes países e idiomas se convirtieron en defensores de la brevedad.

1. **EL ARTE DE LA BREVEDAD SE APRENDE.** Morrell indicaba que había que usar un verbo activo en cada punto de la lista, y la gente lo hacía.

2. **SMART BREVITY TE OBLIGA A ESCRIBIR COMO UNA PERSONA NORMAL.** A Morrell le llamó la atención que, contrariamente al modo de redacción de los SMS, con frases cortas que el destinatario capta al instante, la comunicación de la empresa era confusa.

3. **LA BREVEDAD TAMBIÉN PUEDE SER *COOL*.** Morrell se convirtió en un héroe para otros ejecutivos que vieron los resultados y querían ser los primeros en utilizar aquellos conceptos con sus propios equipos. Chris Reynolds, primer redactor de la *newsletter* de Morrell, se convirtió en una celebridad a la que muchos trabajadores le solicitaban consejos de comunicación.

4. **LA BREVEDAD ES CONTAGIOSA.** La magia enseguida fue más allá de *ITK* y los empleados que trabajaban en comunicación. Morrell empezó a ver memorándums internos estructurados como «3 cosas que debes saber» o «5 cosas que debes saber». Los documentos jurídicos complejos, que en el pasado nunca se leían, empezaron a ser breves. Morrell lo usó para dotar a los antiguos alumnos y otros aliados de BP con argumentos acerca de la empresa.

5. **LA BREVEDAD ES VERSÁTIL.** Los informes de rendimiento y los reportes de seguridad de BP se escriben ahora siguiendo esta filosofía.

Correos electrónicos

RECUENTO:

| 1.467 PALABRAS | 5 ½ MINUTOS |

Gallup, en un sondeo exclusivo para este libro, descubrió que el 70 % de los empleados querían comunicaciones más cortas en el trabajo.

(Profundiza sobre los descubrimientos de Gallup en SmartBrevity.com.)

POR QUÉ ES IMPORTANTE: Solo la mitad de los empleados dijeron que leían las notas de *sus líderes*. El resto ignoraban o leía por encima lo que le aparecía en pantalla, según datos de Gallup.

- En general, la forma en que la gente escribe mensajes de correo electrónico no incita a la lectura. Pero puedes invertir esta tendencia utilizando el arte de la concisión antes de dar a Enviar.

- Es la forma más fácil de ganar la guerra por la atención en el lugar de trabajo. Cal Newport, experto de la Universidad de Georgetown sobre eficiencia en el trabajo, destaca en *A World Without Email* que la avalancha sobre un usuario profesional medio ha crecido de 50 mensajes de correo electrónico al día en 2005 a 126 en 2019. Urge tomar medidas.

UN BUEN CORREO ELECTRÓNICO: Este es un ejemplo de un correo electrónico que Dominique Taylor, nuestra directora de recursos humanos, y Claire Kennedy, nuestra vicepresidenta de recursos humanos, nos escribieron.

- Observa la integración visual de los detalles esenciales.

New Messege   _ ✕ ✕

To   Cc Bcc

Subject   **PETICIÓN DE NUEVA CONTRATACIÓN (¡URGENTE!)**

Mientras trabajamos para optimizar las estructuras del equipo de Gestión de RR. HH. para Medios de Comunicación y Central, hemos decidido contratar a un nuevo director de Gestión de talento en el equipo de Medios lo antes posible.

POR QUÉ ES IMPORTANTE: Superaremos los 400 empleados al final de este año, algo que está por encima de nuestras proyecciones originales para este año así como de nuestras revisiones posteriores.

- Actualmente, solo tenemos roles de refuerzo en el equipo de Gestión de talento. Necesitamos apoyo dado el crecimiento que estamos experimentando y proyectando, sobre todo en este entorno híbrido.
- Tenemos que mejorar la integración de los nuevos empleados así como el bienestar de los actuales con el fin de minimizar la rotación.

CÓMO FUNCIONA: Este es un gráfico de la organización que indica la estructura del equipo de Medios de comunicación en la que se incluye el nuevo rol:

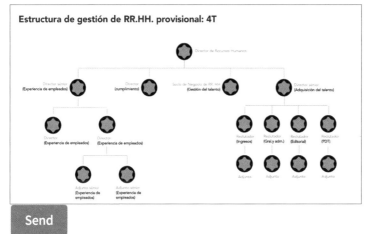

Estructura de gestión de RR.HH. provisional: 4T

Send

¿Y AHORA QUÉ?: Como Claire estará fuera de la oficina del 17/9 al 29/9, queremos avanzar con estas decisiones esta semana.

Gracias,
Dominique y Claire

CONSEJOS Y TRUCOS

1 **Un mensaje de correo electrónico malo empieza con una pésima frase de asunto. Pon un asunto corto, directo y urgente.**

El asunto de la página anterior me explica por qué tengo que abrir el correo electrónico AHORA.

2 **Menciona tu información esencial o tu demanda en la primera frase, siempre.**

Haz que la persona sienta que DEBE seguir leyendo.

3 **Ofrece a los receptores el contexto de «por qué es importante».**

En el correo electrónico, esto crea un marco reproducible para proporcionar los datos de respaldo justo después.

4 **Las listas facilitan la lectura de los datos más importantes o las ideas que los respaldan.**

5 Pon en negrita cualquier palabra, cifra o nombre que quieras destacar. De nuevo, es la trampa visual perfecta para la persona que lee en diagonal.

6 Los elementos visuales claros e intuitivos ayudan a dar valor a un punto importante.

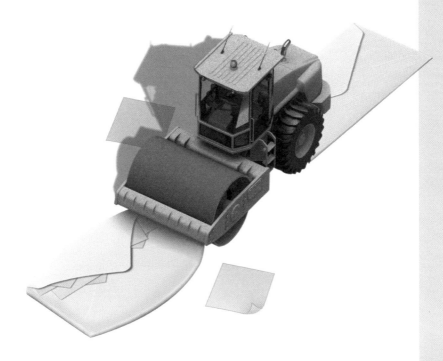

Correos electrónicos

Antes de Smart Brevity

New Message — ⬈ ✕

To   Cc Bcc

Subject   formación de Smart Brevity

Hola, equipo:

El viernes 31 de enero de 2020 celebramos nuestra primera jornada de puertas abiertas de Smart Brevity, que resultó ser todo un éxito. Esta sesión en particular fue gratuita y se puso a disposición de nuestros clientes interesados en renovar su actual proceso de comunicación interna. Para esta sesión, invitamos a 16 profesionales de 6 organizaciones diferentes de múltiples departamentos, y los 16 asistieron.

La sesión de formación duró 3,5 horas y consistió en 1 hora de formación básica y 2,5 de actividades. Hicimos 2 ejercicios escritos con nuestra herramienta para ayudar a estos profesionales a familiarizarse con la plantilla para *newsletters*. Durante la sesión recibimos excelentes comentarios sobre lo que funciona y lo que podemos mejorar. He aquí algunas de ellas:

«Disfruté mucho de las actividades del taller porque me ayudaron a practicar los consejos de Smart Brevity que acababa de aprender. Podría ser útil, en el futuro, mostrar cómo aplicar el método a otras comunicaciones cotidianas, como el correo electrónico y las redes sociales».

Después de comentar con los asistentes nuestro caso práctico y cómo utilizamos la herramienta internamente en Axios, varios de ellos expresaron interés en que más personas de su equipo empezaran a utilizar este método. Haremos un seguimiento con todos los participantes la semana que viene para reforzar nuestras relaciones y avanzar.

Ya me diréis si tenéis alguna pregunta.

Send   ⋮

Después de Smart Brevity

New Message — ✎ ✕

To   Cc Bcc

Subject   **SMART BREVITY SE EXTIENDE MÁS ALLÁ DE AXIOS**

Hola, equipo:

El viernes hicimos nuestra primera jornada de puertas abiertas de Smart Brevity, un curso gratuito en nuestras oficinas centrales para ayudar a los clientes que están interesados en nuestro estilo a aprender su funcionamiento.

POR QUÉ ES IMPORTANTE: Lo entendieron enseguida, y varios preguntaron si podían llevar nuestra formación a la empresa para que más colegas pudieran aprender el método.

EN CIFRAS:

- **Asistieron 16 profesionales**
- **6 organizaciones**
- **3,5 horas de formación que pasaron volando**
- **2 ejercicios de escritura realizados con nuestra herramienta**

QUÉ NOS HAN DICHO: «Disfruté mucho de las actividades del taller porque me ayudaron a practicar los consejos de Smart Brevity que acababa de aprender. Podría ser útil, en el futuro, mostrar cómo aplicar este método a otras comunicaciones cotidianas, como el correo electrónico y las redes sociales».

PRÓXIMOS PASOS: Haremos un seguimiento con todos los participantes la semana que viene para reforzar nuestra relación.

Send ⋮

Correos electrónicos

Antes de Smart Brevity

New Messege   — ✗ ✕

To   Cc Bcc

Subject   ¡Actualización de política de Expensify!

Hola a todos:

Hemos pasado oficialmente al nuevo sistema de contabilidad (Sage-Intacct), y ese cambio también significa cambios en Expensify . Quizá hayáis visto los mensajes de correo electrónico de Expensify en los que indicaban que os añadían a nuestra nueva política que permite que los informes de gasto se sincronicen con nuestro sistema de contabilidad.

Por favor, empezad a añadir gastos con la nueva política «Política de gastos de Axios». Esto permite que directores/finanzas aprueben informes para reembolso y para que os paguen. Debería establecerse por defecto.

Adjuntamos nuestro PowerPoint de Expensify edición especial que refresca las buenas prácticas generales y detalla los cambios, que son los siguientes:

- Los departamentos están ahora bajo el campo Departamentos en lugar de Clase.
- En Clase/Proyectos (Diapositiva 7) se etiquetan iniciativas de toda la empresa y proyectos y gastos por equipos.

Esto permite a la empresa hacer un mejor seguimiento del gasto por proyectos específicos y evaluar si vamos bien respecto a presupuesto. Al etiquetar tus gastos contribuirás a una mayor precisión en la presupuestación de estos proyectos específicos.

La Línea de negocio (Diapositiva 8) es para etiquetar el coste con nuestras 3 líneas de negocio. Ahora es un campo obligatorio.

Con la actualización al nuevo sistema, ahora podemos indicar con eficiencia los datos financieros a través de nuestras líneas de negocio. De este modo, la empresa puede informar mejor respecto al rendimiento de las distintas líneas de negocio en relación con sus objetivos.

Sabemos que es mucha información, así que también haremos una presentación a principios de febrero durante la reunión de personal. Podremos responder en directo. Mientras tanto, no dudes en enviar un mensaje de correo electrónico o por Slack a cualquier persona de finanzas si tienes preguntas. ¡Estamos aquí para ayudarte!

Send   🗑 ⋮

Después de Smart Brevity

New Message _ ✗ ✕

To   Cc Bcc

Subject   Nuevo procedimiento para validar gastos

Hola a todos:

Estamos cambiando nuestro sistema contable para ayudar al equipo financiero a trabajar más rápido.

UNA ÚNICA ACCIÓN: Antes de poder crear tu próximo informe de gastos, tendrás que cambiar los valores predeterminados de tu Expensify a «Política de gastos de Axios».
Estos son los pasos:

1. Entra en Expensify.

2. Haz clic en tu imagen de perfil.

3. Marca «Política de gastos de Axios».

PARA CUALQUIER INFORME SOBRE EL PROGRESO,
tendrás que actualizar tus ajustes:

1. Haz clic en «Informes» en la barra izquierda del navegador.

2. Selecciona el informe y haz clic en «Detalles».

3. En el menú desplegable «Política», marca «Política de gastos de Axios».

PRÓXIMOS PASOS: La actualización viene acompañada de otras mejoras, como los nuevos campos de gastos que tendrás que utilizar, pero hablaremos de todo ello en una reunión con todo el personal a principios de febrero.

- Mientras tanto, consulta el PowerPoint que adjuntamos para un resumen rápido. No dudes en enviarnos un mensaje por Slack si tienes preguntas.

Send   ⋮

16

Reuniones

RECUENTO:

| 849 PALABRAS | 3 MINUTOS |

Piensa en cuántas horas has perdido en reuniones interminables, mal estructuradas e inútiles.

POR QUÉ ES IMPORTANTE: Puedes transformar la cultura y el rendimiento de tu equipo organizando reuniones más interesantes y concisas. Destacarás por ser alguien que valora el tiempo de los demás y que tiene algo importante que decir.

- El primer paso es aprender a organizar una reunión. Tres de cada cuatro trabajadores no han recibido formación sobre cómo conducir una buena reunión. No es de extrañar que tantas reuniones sean nefastas.

- Los demás son como tú: el 90 % admiten soñar despiertos y el 72 % hacen otro trabajo mientras están en reuniones (fuente: HBR Design Thinking).

- Sigue los principios de este capítulo para ganar en coherencia, definir una orientación y obtener mejores resultados.

LOS PREPARATIVOS: El éxito de una reunión se juega incluso antes de que esta empiece.

- Parece una tontería, pero asegúrate de necesitar la reunión de verdad. Si requiere intimidad o una sinceridad brutal, puede que sea mejor una charla individual.

- Transmite el objetivo (una frase) y el orden del día (tres puntos, como máximo) en un mensaje de correo electrónico antes de la reunión.

- Para que los participantes tengan tiempo de prepararla, intenta enviar el correo electrónico el día anterior, por si alguna persona tuviera una agenda apretada.

- Jeff Bezos es famoso por llevar esto al límite y no se fía de las presentaciones de PowerPoint en las reuniones, que dice que es más probable que confundan que no que aclaren cosas. «En su lugar, redactamos memorándums de 6 páginas con estructura narrativa —dijo en una carta a los accionistas—. Leemos en silencio uno al principio de cada reunión como si estuviéramos en una especie de "sala de estudios".»

- ¡Seis frases bien redactadas bastan!

- Esboza las decisiones o acciones concretas que hay que tomar o emprender, si es posible.

Durante la reunión:

1. Fija un límite de tiempo: Si se hace bien, 20 minutos suelen bastar. Solemos programar por inercia reuniones de 30 minutos o más, sin tener en cuenta el tema. Cambia esa cultura en tu empresa y te lo reconocerán.

- El enfoque de Slack parece inteligente: 25 o 50 minutos. Así, si las tienes consecutivas, no llegas tarde a la siguiente. Quizá incluso te puedas tomar un café.

- Prueba las microrreuniones (de 5 a 10 minutos). Nunca más querrás reunirte más tiempo del estrictamente necesario.

2. Empieza la reunión con el titular (en una frase) que enviaste previamente por correo electrónico: Esto expresa la razón principal de la reunión: ¿Qué debe resolverse o debatirse?

3. Como segunda frase, explica «Por qué es importante» para este grupo específico en este momento determinado. Las personas están ocupadas, cambian de tema con rapidez de una reunión a otra. Explícales por qué están ahí.

4. A continuación, indica sin ambigüedades las decisiones concretas que deben tomarse. Al final, volverás a tratarlas en tus conclusiones.

5. Orienta el debate, fijando el tono para lograr eficiencia y centrar la atención. Sé asertivo. Si alguien se sale por la tangente, interrúmpelo con una sonrisa: "Irrelevante". Un gesto con los brazos puede añadir humor y quitar hierro al asunto.

6. Sé inclusivo. Anima a las personas silenciosas a compartir sus puntos de vista. Como mínimo, agradecerán la oferta.

7. Cuando queden 2 minutos, acaba el debate. Resume las conclusiones y sé específico respecto a los siguientes pasos. El equipo debe saber que enviarás un mensaje de correo electrónico para recordar las conclusiones antes de cerrar el tema.

Después de la reunión:

- Aprovecha el tiempo tras la reunión, con las ideas todavía en la memoria, para enviar un correo electrónico rápido con una lista de temas a seguir.

- Hemos observado que estos mensajes de correo electrónico a menudo dan lugar a que la gente añada puntos que han pensado desde la reunión, lo que quizá ahorre tener que reunirse otra vez.

Errores a evitar:

- Las charlas informales están reservadas para la pre-rreunión. Cuando llega la hora de la reunión y sigues hablando de la comida o del fin de semana estás demostrando a un montón de personas ocupadas que esa reunión no es tan importante. Entonces, ¿para qué la celebras?

- Demasiadas personas, demasiados temas, demasiado tiempo. Es poco probable que tus compañeros de trabajo le digan algo al culpable de planificar esa reunión. Pero se dan cuenta, y lo recordarán.

Buenas prácticas:

- **TEN EL HÁBITO DE EMPEZAR PUNTUAL.** En la primera semana después de que el presidente George W. Bush se trasladara a la Casa Blanca en 2001, Karl Rove —un consejero influyente— llegó tarde a una reunión en el despacho oval. El presidente había ordenado que se cerrara la puerta con llave. Rove no volvió a llegar tarde.

- **AGRADECE A LOS PARTICIPANTES SU PUNTUALIDAD.** (Es decisión tuya si quieres intentar cerrar la puerta.) Para el resto encarnarás entonces la voz de la razón.

- **ASIGNA RESPONSABILIDADES.** Deja claro quién debe hacer qué y cuándo.

17

Discursos

¿Cuándo fue la última vez que escuchaste una presentación, un discurso o un brindis y pensaste: «Ha sido genial, pero ojalá hubiera sido más largo y confuso»?

POR QUÉ ES IMPORTANTE: La respuesta es nunca. Lo ideal para un gran discurso es que tu audiencia sienta que no está perdiendo el tiempo y que tu «gran idea» —tu punto principal— tenga impacto, sea fácil de recordar y duradera.

En los discursos, como en la vida, no hace falta decir mucho para marcar la diferencia. De hecho, algunos de los discursos más icónicos fueron cortos:

- El discurso de Gettysburg: 272 palabras

- El famoso discurso de investidura de John F. Kennedy: menos de 15 minutos

- El discurso de John Quincy Adams en la Declaración de Independencia: 3 derechos inalienables, no 22

La experta en comunicación Nancy Duarte dio una charla TED tras estudiar el ritmo, el esquema narrativo y el contenido de discursos famosos como el de Martin Luther King Jr. «Tengo un sueño» y el de Steve Jobs en el lanzamiento del iPhone de 2007. Según ella, esta es la «estructura secreta» de los grandes discursos:

- Describe el *statu quo*: cuál es el estado actual del mundo o del tema que tratas.

- Compáralo con tu visión. Lo ideal es que sea el argumento de tu discurso.

- Crea un paralelismo entre cómo es y cómo podría ser.

- Haz una llamada a la acción.

- Concluye con una descripción evocativa del poder y el interés de tu idea.

Fíjate en el ritmo lento y seductor de Steve Jobs desvelando su iPhone en 2007.

- Se maravilla de su propio producto invitando a la audiencia a pensar en cómo podría ser el mundo: mejor, futurista, apasionante.

- Lo sujeta, lo muestra, lo gira y describe los defectos de otros teléfonos.

- Después lo enciende, como revelándonos un secreto. El teléfono se ilumina como por arte de magia.

- Y concluye prometiendo, entre otras cosas, un futuro mejor.

Volviendo a la realidad: no eres Steve Jobs y no creo que hayas inventado un dispositivo que vaya a cambiar a la humanidad para siempre. Lo más probable es que simplemente estés intentando sobrevivir en el escenario sin hacer el ridículo. Aquí tienes unos consejos prácticos que nos funcionan a los mortales.

1. Gana antes de empezar. Compórtate con naturalidad. Escribe y habla de forma auténtica. No imites o intentes hablar como si fueras el personaje principal de una obra de Broadway. Sé tú mismo.

- Las diapositivas, las notas y los teleprónteres son malas muletas. El foco debes ser TÚ y tus palabras.

- Practica y acuérdate de mirar a los ojos a cinco o seis personas distintas durante tu discurso.

2. No olvides a tu público. Con suerte retendrán un punto de tus comentarios. Es probable que estén deseando mirar el móvil o ya lo estén haciendo por debajo de la mesa.

Dicho esto, los discursos son distintos a otras formas de comunicación. La gente va a escucharte hablar de un tema en concreto. Seduce a tu audiencia comenzando con una historia verdadera y ensaya concluir con una nota humorística. Pero no te cargues este efecto abusando de anécdotas y bromas.

- He aquí un método infalible para calcular la duración de tu introducción. Imagina que te encuentras con un vecino. Su actitud te muestra exactamente cuánto tiempo tardas en resultar pesado o aburrido.

- Así de larga debe ser tu primera historia. Establece el tiempo y el lugar, describe la situación, cuéntame lo que pasó. Y luego para.

3. Condensa y pule tu idea principal. Escríbela, palabra por palabra. Cuando ya tengas tu «gran idea», construye el discurso a su alrededor.

- Una cosa es segura: si tú no tienes claro qué idea deben recordar, es imposible que tu público lo adivine.

- Simplifica tu «gran idea» en una frase BREVE. Púlela palabra por palabra, usando el modelo de palabras fuertes del capítulo 10 (palabras de una sílaba = 🔥). Cuanto más provocativas, mejor. ¿El público correrá a compartir tu argumento con sus colegas o amigos?- Si no es el caso, te queda trabajo por hacer.

- La *Harvard Business Review* recomienda 15 palabras como máximo para tu gran argumento. Nuestra recomendación es que cuanto más breve, mejor.

4. Haz realidad tu idea. Antes de ofrecer tu conclusión, di: «Lo que quiero que recordéis hoy es...». Después, añade tu «gran idea» pulida, textualmente. Tendrás la atención de todo el mundo al instante. Estás haciendo el trabajo mental por ellos, captando lo esencial.

5. Sigue con tu «Por qué es importante» verbal, ofreciendo un breve contexto para tu «gran idea». Quizá puedas añadir incluso: «Esto os importa porque...». Un discurso estructurado mantiene en vilo al público.

6. Añade un par de estadísticas o historias que respalden la «gran idea» y dale vida. Es útil numerarlas y anunciarlo al principio: «Cinco argumentos...». Hazlo divertido. Puedes decir el número con tono teatral o con un guiño verbal.

- Numerar las estadísticas que te apoyan ayuda al público a tomar notas. Pero al grano: demuestra que sabes a dónde vas. Si demuestras que estás al mando, el público te seguirá.

- O sigue el modelo de Nancy Duarte de mostrar las diferencias radicales entre la vida antes y la vida después de implementar tu idea.

- En cualquier caso, es esencial una estructura narrativa lógica y fácil de seguir. Debes mostrar ideas y ejemplos sencillos y cercanos; huye de la complejidad.

7. Refuerza tu «gran idea» al final diciendo: «Si solo tuvieras que recordar una cosa, sería...».

Y da las gracias. Termina siempre con un mensaje de gratitud.

UN CONTRA EJEMPLO: Quizá el presidente Joe Biden tenía algo importante que decir en el discurso de investidura de 28 minutos que dio en 2021 en la Academia de Guardacostas de New London (Connecticut).

- Si era así, lo mantuvo en secreto. Y los graduados así se lo indicaron, con reacciones moderadas cuando él recurría al humor, incluyendo una broma sobre la Marina que no tuvo éxito.

Al final, el presidente consiguió hacerlos reír de verdad con un insulto puro y duro. «Sois una clase realmente aburrida —dijo, con una aparente frustración y desesperación—. Vamos, hombre, ¿reaccionáis alguna vez?»

- Y, después, el momento más doloroso de todos. Que no tengas que decir nunca: «Pero, bromas aparte...».

MORALEJA: El presidente Biden no tenía ninguna «gran idea» que le apasionara contar. Iba leyendo un discurso correcto pero banal. Cuando el público se distrajo, él también.

Así intentó captar su atención el presidente Biden:

- «El mundo está cambiando. Estamos en un punto de inflexión significativo de la historia del mundo. Y nuestro país y el mundo... Estados Unidos siempre ha sido capaz de definir el futuro en momentos de grandes cambios. Hemos sido capaces de renovarnos constantemente. Y, una y otra vez, hemos demostrado que no hay nada que no podamos hacer como nación cuando lo hacemos juntos, y lo digo de verdad, no hay absolutamente nada que no podamos hacer».

Caray. Permítame una sugerencia, señor presidente:

- «Buen trabajo, graduados. Vivís un momento histórico y podéis marcar una diferencia considerable y duradera. Os diré cómo...

Generalidades confusas y poco sólidas frente a algo breve e impactante. No hay punto de comparación.

UN BUEN EJEMPLO: Algunos de los discursos más fascinantes del mundo son las charlas TED, presentaciones breves y muy pulidas.

- He aquí un secreto de TED, la organización sin ánimo de lucro que las patrocina. Cada charla dura 18 minutos o menos, sin importar quién seas.

- Chris Anderson, director de TED, dice que «es lo suficientemente breve para captar la atención de la gente» pero «lo suficientemente largo para decir algo que importe». No es una mala fórmula.

Una de las charlas TED más vistas es «Cómo detectar a un mentiroso», de la experta en *networking* social Pamela Meyer. Empezó su charla de 2011 diciendo: «No quiero alarmar a nadie pero me he dado cuenta de que la persona que tenéis a la derecha es una mentirosa».

- Una sola frase y somos todo oídos.

Siguió con un toque de humor: «Desde que escribí este libro, *Liespotting*, nadie quiere conocerme en persona, no, no, no... Me dicen: "No pasa nada, te enviamos un correo electrónico"».

Dos frases. Qué talento.

- A continuación, marca la pauta: «Antes de empezar, lo que voy a hacer es dejaros claro mi objetivo».

- Después, su «gran idea»: «Mentir es un acto cooperativo... Su poder surge cuando alguien está de acuerdo en creer la mentira».

Da en el clavo.

Presentaciones

| 703 PALABRAS | 2 ½ MINUTOS |

Muchas presentaciones son estresantes para el presentador, aburridas para el público y una pérdida de tiempo para todos.

POR QUÉ ES IMPORTANTE: Piensa que una obra maestra de PowerPoint es minimalista. El nirvana es el número mínimo de palabras, diapositivas y distracciones posibles.

- Tu objetivo es que el contenido guíe y amplifique tus ideas esenciales. No puedes repetirte ni provocar la pérdida de atención.

Esto va en contra de nuestra tendencia natural, ya sea en presentaciones presenciales o virtuales.

- «Imagina un medicamento costoso y muy usado que promete aportarte belleza pero no lo hace —dijo una vez el teórico del diseño de la información Edward Tufte sobre PowerPoint—. En vez de eso, el medicamento tiene efectos secundarios graves y frecuentes: nos hace idiotas, degrada la calidad y la credibilidad de nuestras comunicaciones, nos convierte en gente aburrida, malgasta el tiempo de nuestros compañeros de trabajo. Estos efectos secundarios, y la relación insatisfactoria coste/beneficio resultante, conducirían con razón a la retirada mundial de dicho medicamento.»

Es momento de salvar PowerPoint. Sé el cambio. Empieza con algo sencillo:

- Puedes hablar, usar diapositivas, poner imágenes bonitas. Nada de eso importa si no tienes una idea clara de lo que quieres que recuerde el público.

- Es como una *newsletter*, correo electrónico, discurso, tuit o cualquier otro tipo de comunicación: *Piensa antes de lanzarte.*

- Perfecciona la idea para saber exactamente (palabra por palabra, todas potentes) qué vas a decir y «Por qué es importante».

Hay un principio rector que se aplica a todas las comunicaciones, pero a las presentaciones en particular: para subrayar, simplifica. Piensa menos palabras, menos diapositivas, menos elementos visuales: destruye todo lo que distraiga de los puntos esenciales. Después pon en práctica estos consejos:

1. Escribe el resultado preciso que deseas y de tres a cinco puntos INDISPENSABLES como apoyo.

- Pon esos puntos de apoyo en orden, como si estuvieras defendiendo un caso ante un jurado. Este es tu esquema.

- Aplica nuestros consejos de redacción para detallar tu contenido en unas seis palabras, más o menos. Esto centrará la atención del público en EL punto más importante.

2. Simplifica cada diapositiva.

- Un mensaje por diapositiva. La gente debe asimilar tu punto de vista en 3 segundos como máximo. Imagina que la diapositiva es un cartel publicitario: ¿Conseguiría alguien que pasara a 100 km por hora captar el mensaje?

- Los estudios demuestran que, en una presentación, el texto es una de las formas menos eficaces de comunicar. Por lo tanto, minimízalo.

- Limítate a un tipo de letra y/o un estilo visual.

3. Las imágenes nos cuentan una historia. Son exponencialmente más efectivas que los bloques de palabras. Combina imágenes con pocas palabras y la atención y la retención se dispararán.

¿Por qué?

- Los neurólogos afirman que, cuando recibimos información nueva, nuestro cerebro puede procesar un máximo de dos estímulos: la palabra hablada y las imágenes. Añade listas y nadie te seguirá. Por supuesto, tampoco leerán tus diapositivas.

- El biólogo molecular John Medina descubrió que las imágenes favorecen un recuerdo duradero. Añadir una imagen llamativa puede aumentar el recuerdo hasta en un 65 %, frente al 10 % si la persona simplemente escucha.

4. Por supuesto, sé breve. La pedagogía muestra que nuestra capacidad de procesar una presentación mejora si transmite una gran idea, respaldada por entre tres y cinco puntos. La brevedad sigue siendo la consigna.

- Los trabajadores de Wall Street suelen contar historias disparatadas sobre la cantidad de horas que dedican a preparar elegantes presentaciones que no informan, persuaden o motivan a nadie.

- La *Harvard Business Review* afirma que un socio de McKinsey aconseja a los recién contratados que sigan esta regla: por cada 20 diapositivas que quieras poner en tu presentación, usa 2.

  Gran consejo. Redúcelo. Doce en total deberían bastar.

- Menos palabras, imágenes, transiciones y sonidos harán que tu presentación sea más nítida y memorable.

5. Cierra siempre. Como cualquier vendedor que se precie, no conseguirás lo que quieres si no lo pides de forma específica y directa. Completa esta frase:

He convocado esta reunión y he creado esta presentación para obtener _____ o transmitiros _____.

- Este resumen constituye tu última diapositiva.

Redes sociales

RECUENTO:

| 662 PALABRAS | 4 ½ MINUTOS |

Redes sociales

En la guerra por la atención, las redes sociales son la batalla cuerpo a cuerpo.

POR QUÉ ES IMPORTANTE: En un correo electrónico tienes unos segundos para captar la atención de alguien. En Twitter o Instagram, tienes un abrir y cerrar de ojos.

- En estas u otras redes sociales, tus publicaciones destacarán en medio del caos y la saturación si son precisas y eficaces: aumentarán tus posibilidades de ser visible, de obtener clics y de que tu contenido sea compartido.

La luna es húmeda.

washingtonpost.com
Un par de estudios confirman que hay agua en la luna
Nuevas investigaciones confirman lo que los científicos habían teorizado durante años: la luna es húmeda.

- El tuit perfecto: «🌑 -> La luna es húmeda».

- El tuit fallido (un capítulo del artículo): «Hay agua en la superficie de la luna y el hielo puede abundar en sus muchas sombras, según un par de estudios publicados el lunes en la revista *Nature Astronomy*».

Una fórmula ganadora para la mayoría de las publicaciones en redes sociales es dar algo al lector (una idea, un dato, una anécdota) en vez de pedirle que haga clic, compre o haga algo.

- Es más probable que el usuario interactúe contigo si le ofreces algo, y los algoritmos empezarán a recompensarte.

Hemos hablado mucho sobre pensar en lo que quieres decir a un lector o un oyente, lo que quieres que recuerde.

- En las redes sociales SOLO le vas a decir una cosa. Atráelo con información novedosa. Provócalo con una cita sorprendente. Cautívalo con un dato sorprendente.

- Las redes sociales nos obligan a ser implacablemente selectivos. No importa lo increíble que sea tu idea o prosa, Twitter, Instagram y Facebook racionarán lo que se muestra.

CONSEJOS Y TRUCOS

❶ Conoce a tu público.

- A Twitter le gustan los hechos, los datos, una buena cita, una exclusiva: cuanto más urgente, mejor.

- Instagram está cambiando. Antes eran fotos bonitas con filtros. Ahora cada vez más gente lo utiliza como canal de información. La fórmula ganadora aquí es una imagen llamativa con un texto breve que impacte. Como no es posible dejar el enlace a una publicación, te obliga a resumir.

- Si Twitter está acelerado e Insta es *cool*, Facebook es para lo candente. Aquí consigues acción y tracción dando una vuelta provocativa a tu idea o anuncio. Si es soporífero, desaparecerá sin dejar huella bajo las olas que rompen en la sección de noticias.

❷ Cuida tu imagen.

Escoge imágenes limpias y llamativas para atraer a la audiencia. Las tres son plataformas visuales (Twitter, la que menos), pero las palabras sin imágenes fracasan en todas partes.

❸ Sé breve y acuérdate de los emojis.

Todos los trucos (desde palabras fuertes y sencillas hasta emojis evocadores) sirven para la mayoría de los casos; si se siguen bien, claro.

Aquí tienes ejemplos para cada plataforma.

A HACER

Un modelo de claridad

Kendall Baker ✓
@kendallbaker   ...

DEPORTES

- 🏀 NBA: 18 % blancos
- 🏈 NFL: 27 % blancos
- ⚾ MLB: 59 % blancos
- ⚽ MLS: 38 % blancos
- 🏀 WNBA: 17 % blancos

- ✏️ editores de deportes: 85 % blancos
- ✏️ reporteros de deportes: 82 % blancos
- ✏️ columnistas de deportes: 80 % blancos

Datos: Institute for Diversity and Ethics in Sport

18h28 6 de julio de 2020 App web de Twitter

A EVITAR

Usario de Twitter ✓
@usuariodetwitter   ...

Según el Institute for Diversity and Ethics in Sport, la
NBA es un 18 % blanca, la NFL, un 27 % blanca, la MLB,
un 59 % blanca, la MLS, un 38 % blanca y la WNBA, un
17 % blanca. En los medios de comunicación: Editores,
reporteros y columnistas de deportes están formados
por un 85 %, 82 % y 80 % de blancos, respectivamente.

21h19 19 de septiembre de 2022 - web de Twitter

A EVITAR

Letra diminuta, ¡y muchas palabras!

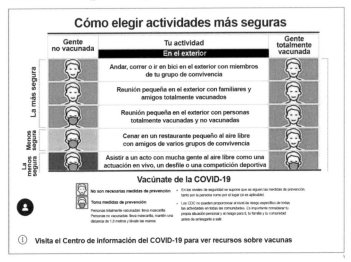

Cómo elegir actividades más seguras

Gente no vacunada	Tu actividad	Gente totalmente vacunada
	En el exterior	
	Andar, correr o ir en bici en el exterior con miembros de tu grupo de convivencia	
	Reunión pequeña en el exterior con familiares y amigos totalmente vacunados	
	Reunión pequeña en el exterior con personas totalmente vacunadas y no vacunadas	
	Cenar en un restaurante pequeño al aire libre con amigos de varios grupos de convivencia	
	Asistir a un acto con mucha gente al aire libre como una actuación en vivo, un desfile o una competición deportiva	

La más segura / Menos segura / La menos segura

Vacúnate de la COVID-19

No son necesarias medidas de prevención

Toma medidas de prevención
Personas totalmente vacunadas: lleva mascarilla
Personas no vacunadas: lleva mascarilla, mantén una distancia de 1,8 metros y lávate las manos

- En los niveles de seguridad se supone que se siguen las medidas de prevención, tanto por la persona como por el lugar (si es aplicable).
- Los CDC no pueden proporcionar el nivel de riesgo específico de todas las actividades en todas las comunidades. Es importante considerar tu propia situación personal y el riesgo para ti, tu familia y tu comunidad antes de arriesgarte a salir.

ⓘ Visita el Centro de información del COVID-19 para ver recursos sobre vacunas

¡Titular poco claro y mensajes confusos!

MENTALIDAD COVID

Ventajas de la vacunación

5 cosas que puedes hacer si estás vacunado, pero que DEBES evitar si no lo estás:

- Comer dentro de un restaurante o bar.
- Ir a un gimnasio cerrado.
- Ir a un acto multitudinario al aire libre (concierto o competición deportiva).
- Ir al cine.
- Cantar en un coro.

Mantén la seguridad durante el COVID

5 actividades NO RECOMENDADAS si no te has vacunado:

- Comer fuera con personas de varios grupos de convivencia.

- Ir a la barbería/peluquería.
- Ir a un museo o centro comercial cubierto.
- Desplazarte en transporte público.
- Ir a reuniones en sitios cubiertos con gente de grupos de convivencia distintos.

5 actividades que DEBES evitar si no te has vacunado:

- Ir a un acto multitudinario al aire libre (concierto o competición deportiva).
- Ir al cine.
- Cantar en un coro en un sitio cubierto.
- Comer dentro de un restaurante o bar.
- Ir a una clase deportiva en un sitio cubierto.

A HACER

Cómo contar una historia complicada sin palabras

Estados Unidos es uno de los ocho países sin baja por maternidad nacional pagada

Algunos de esos países son demasiado pequeños para verse en este mapa. La duración media de los que la tienen es de 29 semanas.

0 semanas · 4 semanas o menos · De 4 a 12 semanas · De 12 a 24 semanas · 24 semanas o más

Fuente: World Policy Analysis Center, Universidad de California en Los Ángeles

De un vistazo entiendo de qué va el tema.

La capa de ozono estará regenerada en 2050

1979 1980 1981 1982 1983 1984 1985
1986 1987 1988 1989 1990 1991 1992
1993 1994 1996 1997 1998 1999 2000
2001 2002 2003 2004 2005 2006 2007
2008 2009 2010 2011 2012 2013 2014
2015 2016 2017 2018 2019

Ozone (Dobson units)
100 220 330 400 500

Fuente: Observatorio de la Tierra de la NASA
Nota: Datos de 1995 no disponibles

Vox

facebook

A EVITAR

Publicaciones vagas e ilegibles que generan confusión.

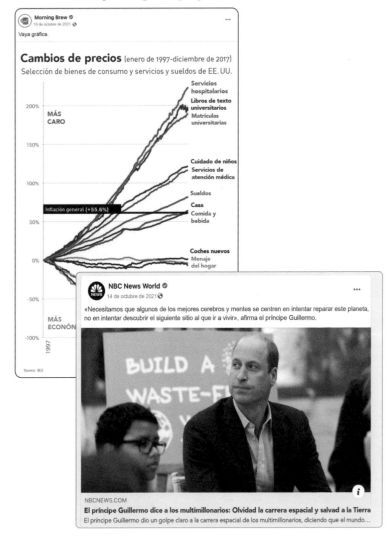

A HACER

Información real, que además le gusta al algoritmo de Facebook.

New York Post ✓
13 de enero de 2021

Este tuit acumuló más de 300.000 «me gusta» y 30.000 retuits en menos de cinco horas.

NYPOST.COM
Elon Musk causa un revuelo después de tuitear «legalizad la comedia»
Elon Musk causó sensación el miércoles por la mañana tuiteando crípticamente la frase «legalizad…»

Un tema complejo y fascinante, comprensible de un vistazo.

La guerra de Afganistán costó a EE. UU. 300 millones de dólares al día durante 20 años...

Elementos visuales

RECUENTO:

1.164 PALABRAS	2 MINUTOS

Elementos visuales

Las ilustraciones simples y llamativas que abren los capítulos de este libro muestran la aplicación de la concisión a la creación.

POR QUÉ ES IMPORTANTE: En Axios aspiramos a lo que denominamos «eficiencia elegante». Cuando diseñamos elementos visuales para nuestro sitio web, *newsletters* y material de marketing, nos obsesionamos con una cosa: ¿cuál es la forma más limpia, nítida y agradable de presentarlos?

- Establecer una jerarquía y pensar primero en el lector es la idea que debe guiar tu diseño del mismo modo que tu redacción, explica Sarah Grillo, nuestra gurú de elementos visuales de la empresa.

La jerarquía es una idea fundamental del arte y el diseño en la que se asigna importancia a los elementos de una imagen mediante el uso de la escala, el color y el contraste para guiar la mirada del espectador. Esto es similar a cómo se establece la jerarquía en la redacción con Smart Brevity.

- A modo de ejemplo, fíjate en cómo empiezan todos los capítulos de este libro: una breve frase inicial que introduce una idea, apoyada por el apartado «Por qué es importante».

- La jerarquía bien utilizada suele pasar desapercibida. En cambio, la que está mal resuelta salta a la vista.

Para dar prioridad al lector, todos los elementos visuales deben ser considerados a través de su óptica. Hazte las siguientes preguntas:

- ¿El concepto tiene sentido para alguien que lo ve por primera vez?

- ¿Todos los elementos son legibles?

- ¿La disposición de los elementos expresa bien el contenido?

Puede que el titular y el artículo ni siquiera sean necesarios para entender el concepto si la ilustración es buena.

CONCLUSIÓN: para lograr un arte visual sobrio y conciso, sigue estos principios:

- Empieza con un concepto potente.

- Elimina los elementos superfluos.

- Adopta siempre el punto de vista del observador.

Debajo tienes un ejemplo de una historia de Axios titulada «Los republicanos de Texas admiten que hay un problema», sobre la jubilación de seis republicanos de la Cámara texana. Queríamos mostrar a un elefante ondeando una ban-

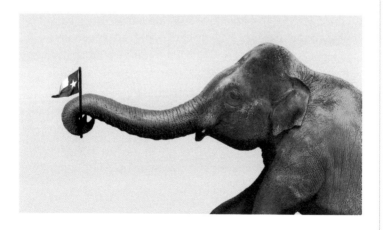

dera diminuta de Texas, en alusión a levantar una bandera en señal de derrota.

La primera ilustración funcionaba, pero el elefante eclipsaba la bandera. En términos de jerarquía, lo primero que ves es la cabeza del elefante y la bandera queda en un plano secundario, incluso difícil de distinguir.

¿POR QUÉ FUNCIONA?: Aumentar la escala de los elementos y recortar la mayor parte del elefante resulta transformador. Ahora hay equilibrio entre los elementos y un mayor sentido de la jerarquía. El elemento superfluo era el cuerpo del elefante. El gran espacio neutro del fondo también ayuda a equilibrar la ilustración mejor que en la primera versión.

En el diseño de las páginas de nuestro sitio web para móviles y de los boletines informativos se aprecia una dinámica similar: lo que llamamos «pantalla». Nos obsesionamos con cada píxel y pasamos meses creando la página más agradable posible, en lugar de esas pantallas abarrotadas y mareantes tan comunes.

CONSEJOS Y TRUCOS DE SARAH

1 **Seduce eligiendo bien tus imágenes y palabras.**

Esto aplica a presentaciones de PowerPoint y a cualquier otro proyecto.

2 **Sé directo con tus gráficas, diseño y lenguaje.**

3 **Jerarquiza para guiar a tu público objetivo.**

Asegúrate de que las indicaciones visuales más importantes capten la atención del lector.

4 **Ofrece contexto.**

Hazlo usando la profundidad, el color o la línea gráfica.

5 **Respeta a tu público: la abstracción, el desorden y la confusión son el enemigo.**

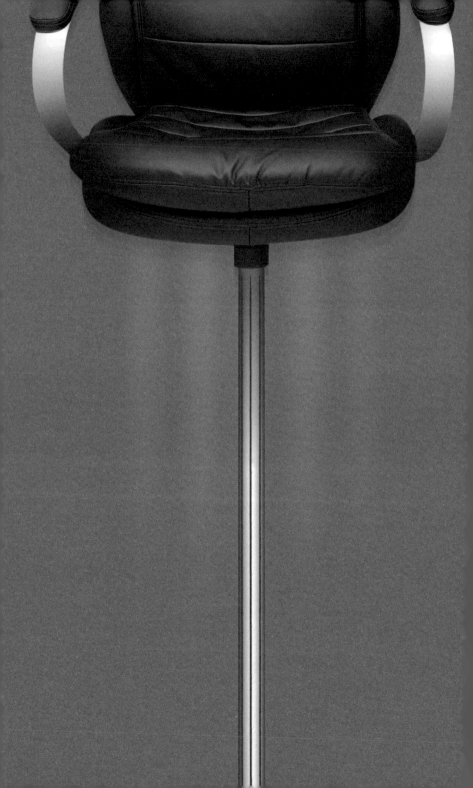

Cómo dirigir una empresa con Smart Brevity

RECUENTO:

| 1.718 PALABRAS | 6 MINUTOS |

Por supuesto, en Axios ponemos en práctica nuestros propios consejos. Gestionamos toda la empresa siguiendo los principios de Smart Brevity.

POR QUÉ ES IMPORTANTE: Es fundamental para nuestra gestión y cultura, y una de las principales razones por las que ganamos premios, tener un lugar de trabajo inclusivo, feliz y genial.

PROFUNDIZA: Axios es actualmente una *start-up* de más de 500 personas con una cultura vibrante, extremadamente ambiciona y muy transparente. Todos los empleados son también accionistas y respondemos a cualquier pregunta, con dos excepciones: cuánto gana alguien y por qué se ha ido. Guardamos silencio sobre estas dos cuestiones por respeto a la privacidad individual.

- **ANÉCDOTA:** Permitimos a todos los empleados hacer preguntas de forma anónima (sobre absolutamente cualquier cosa) y leemos la pregunta palabra por palabra en la reunión semanal, por más directa o grosera que sea, y después la respondemos. Sí, puede ser incómodo.

Sucede algo mágico cuando te comunicas de forma breve y transparente: desaparecen los rumores que nacen de la confusión propia de la desinformación.

La mano derecha del líder de cualquier organización debe ser un comunicador, y no el responsable de operaciones o finanzas. El público, los empleados, los accionistas, los inversores y los amigos exigen saber lo que haces y por qué.

- Los fallos de comunicación pueden paralizar o confundir a toda una organización.

EL CONTEXTO: Hoy en día todos somos comunicadores. Nunca antes hemos hablado, tuiteado o enviado más mensajes de texto. Y nunca había sido tan complicado ser escuchado. Esta competencia es indispensable ahora en cualquier empresa.

- Nuestro personal, como todos los demás, quiere saber qué defendemos y por qué hacemos lo que hacemos. Pero la mayoría de los ejecutivos no saben dar estas respuestas.

- El trabajo a distancia y el híbrido hacen que las comunicaciones rápidas y claras sean exponencialmente más urgentes e importantes. Si no, por ejemplo, ¿cómo podemos mantener motivado a un comercial que vive a cientos de kilómetros de la sede central?

- El Project Management Institute descubrió que el 30 % de los proyectos fracasados lo son debido a comunicaciones deficientes.

- La mayoría de los trabajadores que dimiten lo hacen por un sentimiento de desconexión y pérdida de motivación (estudios de Edelman).

NEWSLETTERS INTERNAS EN AXIOS

Lights On, de nuestro grupo de ingresos; *Cranes*, de Axios Local; *Click Clack*, de nuestro gurú de tráfico web; *The Funnel*, de nuestro responsable de crecimiento; *The TopLine*, de nuestros guerreros de ventas.

- Estas son solo algunas de las *newsletters* que los ejecutivos de Axios publican regularmente en Axios HQ para sus jefes, equipos y colegas de toda la empresa.

POR QUÉ ES IMPORTANTE: De este modo disponemos de un foro para compartir buenas prácticas, se fomentan la competencia sana entre las unidades de negocio, el intercambio y la transparencia.

ENTRE NOSOTROS: Estas *newsletters* permiten también a los cofundadores detectar las posibles desviaciones de los objetivos de la empresa. Al leerlas semanalmente, detectamos si alguien requiere una atención particular, motivación extra o felicitaciones.

- Y esta es nuestra parte favorita: cuando tenemos reuniones individuales con nuestros directivos, ya estamos al día. Así que podemos utilizar ese tiempo para hablar de innovaciones, ideas, cuellos de botella, disrupciones...

EN PRIMER PLANO: Algunos de los contenidos más populares de estas *newsletters* incluyen temas clásicos, como nuevos lanzamientos de producto o datos financieros importantes.

- Como «Una cosa divertida» al final, la gente incluye lo que están leyendo o escuchando, fotos de sus mascotas o algún logro deportivo de alguien del equipo. En estos tiempos de trabajo desde cualquier lugar, es una nueva oportunidad de conocer a un colega que quizá nunca conozcas en persona.

CONCLUSIÓN: La crisis de la comunicación no se limita a las empresas o a los altos dirigentes. Cuantos más ruido y distracciones hay, más necesarias son la precisión y la eficacia para ser escuchado y recordado en todas las cosas.

- Basta con mirar a la política. El poder ya no está ligado al cargo, la antigüedad o el dinero. Lo tienen aquellos que saben comunicarse de forma moderna y concisa en los medios de comunicación o Twitter.

- Cualquier persona que se comunique ante un grupo (desde profesores hasta líderes de empresas) debe perseguir captar su atención en un contexto tecnológico ágil.

Esta es otra cosa que aprendimos por las malas. En Político, al principio nos burlábamos de la comunicación y la cultura, y pensábamos que todo iría bien si la gente se limitaba a hacer su trabajo.

Estábamos muy equivocados. Nuestro índice de abandono era tan elevado que *The New Republic*, una revista nacional, escribió que nuestra empresa era «un lugar donde era un castigo trabajar». Teníamos que cambiar, empezando por una comunicación transparente y regular con el personal.

- En Axios estamos ganando la partida al comunicarnos internamente de la misma forma que nos comunicamos con nuestros lectores. Empezamos con lo que denominamos *5 Big Things*: una *newsletter* semanal que detalla en orden de importancia lo que estamos pensando o haciendo. Es directa, divertida y esencial.

Jim lo escribe cada domingo con la ayuda de nuestra jefa de personal, Kayla Brown. Kayla ya redactaba un informe de estilo los viernes y nos sugirió trasladar esta forma de comunicar a toda la empresa. Así nació *5 Big Things*.

Roy tuvo la genial idea de que todos los directivos hicieran lo mismo para su equipo y lo compartieran con sus compañeros. Ahora, cada semana, cada directivo comparte las cosas más importantes por orden de relevancia. En las reuniones nadie puede decir que no ha sido informado de algo relevante. Podemos saltarnos los preliminares e ir directamente al meollo de los temas.

- Mantente informado: cuando Jim se sienta a escribir los domingos, sabe todo lo importante que pasa en la empresa. Le bromeamos diciéndole que podría dirigir la compañía desde su barca de pesca en Maine. La realidad: Kayla a menudo lo hace desde su casa de la infancia en Kerrville (Texas).

Pero los mayores beneficiados son los empleados. Todos odiamos estar fuera de juego, sin rumbo claro ni objetivos que perseguir. Ahora los directivos nos envían correos electrónicos concisos y lanzan sus propias *newsletters* con el fin de mantener informado y unido al equipo.

LAS *NEWSLETTERS* INTERNAS

Matt Burns, que lleva 20 años trabajando en comunicación política y corporativa, afirma que los hábitos de consumo han evolucionado pero los modelos de comunicación no. Burns, director de comunicación de GRAIL/Scipher, una empresa biotecnológica de Silicon Valley, dice que la gran batalla en la actualidad es cómo conseguir y mantener la atención de la gente.

- Burns se propuso eliminar uno de los principales factores de distracción en las empresas: el correo electrónico.

Empezó a utilizar nuestro software Axios HQ cuando trabajaba en UnitedHealth Group e inmediatamente lo convirtió en la parte central de su estrategia cuando dio el salto a GRAIL/Scipher. Necesitaba alinear de forma rápida las diferentes *start-ups* encargadas del desarrollo de nuevos productos.

- Observó que, sobre todo para llegar a los científicos más jóvenes de la empresa, la eficiencia es primordial: «Abren su correo electrónico y dan un vistazo rápido».

- «Cada minuto cuenta en su trabajo —nos dijo Burns—: No tienen tiempo libre para buscar información que les permita seguir conectados a la cultura y las prioridades más generales de la empresa. Necesitan información que les llegue de forma breve y periódica.»

Para reducir todos esos correos electrónicos aleatorios de GRAIL, Burns empezó una *newsletter* semanal, *The Rundown*.

- Aparece como un reloj en las bandejas de entrada de los más de 750 empleados «igual que antes llegaba el periódico de la mañana o de la tarde», según Burns.

- Empieza con alegría: «¡Es viernes, GRAILERers!» 🐌. Cada número tiene unas 1.400 palabras, una lectura de 5 minutos.

Ahora sus compañeros recurren a él para conseguir que incluya sus artículos.

- En GRAIL se abría menos de un correo electrónico de cada tres. Las *newsletters* más fiables y eficaces tienen tasas de apertura de alrededor del 90 %. Un boletín similar que Burns lanzó en Scipher alcanzó tasas de apertura de más del 75 % en apenas unos meses.

CONSEJOS Y TRUCOS DE JIM
PARA LOS CEO Y LÍDERES

❶ La misión importa.

Las temáticas tratadas en tu *newsletter* deben ser coherentes con el espíritu y los objetivos de la organización. «Por qué es importante» es el dispositivo perfecto.

- **No tengas miedo de exagerar: la repetición es necesaria para una buena comprensión de la misión.**

❷ Cuenta una historia.

Si leyéramos todas tus *newsletters* del año pasado, tendrían que contar una historia potente y clara sobre lo que estabas haciendo, pensando, logrando. Cada artículo o cada *newsletter* debería hacer lo mismo.

- **La gente se aburre con facilidad. Quieren una historia auténtica que legitime su trabajo y su tiempo de lectura.**

- **A los nuevos empleados les entregamos una copia de los últimos meses de *5 Big Things* para que arranquen con fuerza desde el principio.**

❸ No seas un fraude.

Escribe con franqueza y autenticidad. La gente no es idiota, identifica rápidamente las frases hechas y los contenidos vacíos. Deja de hacerlo inmediatamente.

4 **No te rindas.**

Debes conectar con tu personal como mínimo una vez por semana. Resiste el impulso de pasar de la *newsletter*. Si no quieres que los demás aflojen, predica con el ejemplo.

5 **Cultiva la modestia.**

Si eres CEO, director o gerente, probablemente tu carrera está siendo brillante. Sé agradecido y autocrítico, y admite tus errores. Así animarás también a tus colegas a ser humildes.

6 **Crea imitadores.**

La magia se da de verdad cuando los que te rodean se empiezan a comunicar con el mismo estilo y a un ritmo similar. Una vez que nos dimos cuenta de que Smart Brevity era algo revolucionario tanto *dentro* de Axios como para nuestra audiencia externa, vimos un aumento de la cohesión en los equipos. Todo el mundo se divierte contando su propia historia y conocemos lo que hacen nuestros colegas, estén donde estén.

22

Comunica de forma inclusiva

RECUENTO:

| 1.026 | 3 ½ |
| PALABRAS | MINUTOS |

Comunica de forma inclusiva

Si no te estás comunicando de forma inclusiva, no te estás comunicando de forma efectiva.

POR QUÉ ES IMPORTANTE: Hablamos de ser accesibles, cercanos y creíbles con todo tu público, sin tener en cuenta género, raza, color, religión, identidad de género, edad, capacidad física, orientación sexual o cualquier otra cosa.

- Los principios de Smart Brevity te pueden ayudar a salvar las diferencias de formación y competencias con un estilo directo y claro, accesible y que no genere diferencias.

- Bien ejecutado, este estilo de comunicación universal descarga de forma natural al autor de prejuicios culturales y le simplifica la tarea.

- La brevedad permite el acceso a la información importante a personas que sufren problemas de aprendizaje, como dislexia, o que están leyendo en un idioma que no es el suyo. Vivimos en un mundo de identidades múltiples y en la era de la globalización, así que estos principios son más relevantes que nunca.

CÓMO HACERLO: Debes saber que tienes puntos débiles, sé consciente de ellos y toma medidas para asegurarte de que elevas voces diversas.

- Un caso ilustrativo: Axios fue creado por tres personas blancas. Hay muchas experiencias vitales que nos hemos perdido, y muchas perspectivas que tenemos que buscar de una forma muy deliberada.

- En Axios hacemos que la diversidad, la igualdad y la inclusión sean una prioridad desde el primer día, tanto en la política de contrataciones como en la toma de decisiones.

Todos somos víctimas de numerosos prejuicios, por cuestiones de origen, ideología, ingresos..., no podemos enumerarlas todas.

- En consecuencia, muéstrale tus escritos a alguien que tenga experiencias distintas a las tuyas o que haya vivido una vida distinta.

Aquí tienes algunas buenas prácticas para escribir de forma inclusiva:

- **SÉ PRECISO** en tus descripciones, preguntándole a tu interlocutor cómo se define (español de origen marroquí, por ejemplo). Y no te olvides de validar qué pronombres de género prefieren.

- **ELIMINA CALIFICACIONES** que puedan reforzar sutilmente estereotipos de personas o comunidades. Consulta recursos como la Conscious Style Guide (https://consciousstyleguide.com) para aprender el lenguaje a evitar.

- **ELIGE** bien tus imágenes para evitar favorecer tópicos, como por ejemplo ilustrar el hashtag #StopAsian-Hate con un restaurante de comida asiática.

Este consejo vale oro:

- **REEMPLAZA** una identidad por otra (una raza o etnia por otra, una nacionalidad por otra) y mira si el lenguaje y la intención de la frase siguen siendo imparciales.

El arte de la brevedad también nos ayuda a evitar obstáculos limitándonos a omitir información irrelevante. La Asociación de Periodistas americanos de origen asiático nos dice:

- **«¿LA RAZA/ETNIA/RELIGIÓN/ORIGEN NACIONAL ES RELEVANTE?** Usar adjetivos calificativos cuando no son relevantes o sin explicar su relevancia perpetúa estereotipos dañinos».

Un texto claro y preciso evita ofender. Los principios expuestos por el Centro Nacional de Discapacidad y Periodismo (NCDJ) nos parecen muy buenas reglas de escritura para todos:

- **«MENCIONA LA DISCAPACIDAD** solo cuando sea relevante para la historia y, cuando sea posible, confirma el diagnóstico con una fuente de confianza, como un profesional médico u otro profesional autorizado».

- «**CUANDO SEA POSIBLE,** pregunta a las fuentes cómo les gustaría ser descritas. Si no están disponibles o no pueden comunicarse, pregunta a un familiar, abogado, profesional médico u organización relevante de su confianza que represente a personas con discapacidad».

PROFUNDIZA: La guía de redacción americana de la asociación nacional de periodistas negros está organizada alfabéticamente para ayudar con la búsqueda de términos específicos.

- Un simple vistazo a la guía nos muestra que nuestra percepción de palabras y frases es subjetiva.

CONCLUSIÓN: Ofende o confunde y habrás perdido a tu lector. No solo para esta *newsletter* o presentación, sino para siempre.

- Ejemplo ilustrativo: Uno de cada cinco niños afirman tener dificultades de aprendizaje, según el Centro Nacional para Problemas de Aprendizaje. Si este dato es extrapolable a la edad adulta, podemos estar hablando de un 20 % de nuestra audiencia.

❶ Escribe con un lenguaje sencillo y claro:

De esta forma, la gente comprende mejor el mensaje que intentas transmitir. La clave es asegurarse de que el texto sea breve y claro y de que cualquiera lo pueda entender. Usar esta regla ayuda no solo a las personas con dificultades de aprendizaje sino también a quienes hablan y leen el idioma que utilizamos como segunda lengua.

❷ Usa listas con puntos:

A los empresarios les encantan este tipo de listas, y Roy las utiliza para lograr comunicaciones claras desde la escuela de negocios. Estas listas te obligan a descubrir los puntos más importantes y a dividir sus componentes. Con demasiada frecuencia, la gente mezcla varios puntos, con lo que pierden a su audiencia.

❸ Hazlo simple y breve:

La complejidad confunde. La abstracción aliena. La longitud pierde. Puedes unir a la gente mediante la comprensión común de una idea o una información importante escribiendo frases cortas y directas y eliminando la jerga ingeniosa o las oraciones elaboradas.

Roy recuerda que en la universidad y en el trabajo «empecé a ver que yo era muy distinto a otras personas. La dislexia me hacía sufrir, pero me dio un regalo. Tuve que resolver problemas, trabajar más duro, crear sistemas para desarrollarme».

CONCLUSIÓN: No creamos este método para personas con dificultades de aprendizaje o de lengua, ni para promover la inclusión de por sí. Pero viéndolo en acción, ayuda con estas tres cuestiones.

LA HISTORIA DE ROY

Los profesores del pueblo de Ilford (Essex, Inglaterra) pensaban que Roy era un chico problemático. Le hacían sentir que era poco inteligente y difícil. A menudo tenía una ortografía atroz. Sus notas iban bajando.

- Roy conserva un doloroso recuerdo de una clase de lengua en secundaria. Tres décadas más tarde, contó esa historia en una charla para niños con dificultades de aprendizaje. Una vez le devolvieron un trabajo con una mala nota y comentarios escritos en rojo.

- «Corto y no muy agradable de leer —garabateó el profesor—. ¿Acaso no tienes diccionario?»

No era tonto, sino disléxico. (Sí, deberías sentirte como un idiota si estás leyendo esto y eras el profesor de Roy.)

Hoja de ruta

RECUENTO:

| 725 PALABRAS | 3 MINUTOS |

Aquí tienes una guía breve y sencilla para dominar el método Smart Brevity.

PRINCIPIOS RECTORES

AUTORIDAD:

Eres una fuente de información fiable, y solo un experto puede entender una cuestión, evaluar lo que es nuevo o importante y condensarlo de una forma interesante y precisa.

Sé el experto, o encuentra a quien lo sea.

BREVEDAD:

Respeta el tiempo de los lectores ocupados, dándoles exactamente lo que necesitan para seguir siendo productivos, satisfaciéndolos plenamente.

Sé breve, no superficial.

POR QUÉ ES IMPORTANTE: Considera este ejercicio como un entrenamiento. Hazlo varias veces y verás lo rápido que la mente se adapta a hacerlo de forma intuitiva.

HUMANIDAD:

Te puedes comunicar utilizando todo el espectro de la emoción humana, con sofisticación y matices, pero tu desafío es presentar tu mensaje con un estilo familiar y conversacional.

Escribe como hablas.

CLARIDAD:

En aras de la brevedad, sé parco en palabras. Así el contenido será accesible para los lectores, claro y fácil de hojear en un tiempo aceptable.

Escribe con un estilo impactante.

Define a tu público:

- Especifica qué quieres que sepan.

Rellena los puntos siguientes (en 60 segundos o menos)

¿QUIÉN es tu lector ideal?

¿QUÉ novedad u otro tema conoces bien y debe conocer tu lector?

¿POR QUÉ es importante? Añade algunos detalles. Volveremos a ellos más adelante.

Estructura tus ideas (sé breve).

- Visualiza el resultado que quieres conseguir. La mayoría de las veces no necesitarás una imagen.

TITULAR:
¿Cumple las siguientes normas?

- ¿Tiene 6 palabras o menos?

- ¿Es claro y específico?

- ¿Tiene un estilo conversacional, con palabras fuertes?

¿CUÁL ES LA NOVEDAD?:
¿Cumple las siguientes normas?

- ¿Una sola frase?

- ¿Está bien mencionada la información que debe retener el lector?

- ¿Hay algún detalle adicional respecto al titular?

Rellena los puntos siguientes (en 60 segundos o menos)

ESCRIBE el titular y la primera frase, recuerda los consejos y trucos.

Ejemplo:

ANTES	DESPUÉS
ACTUALIZACIÓN DE NUESTROS PLANES DE TELETRABAJO DE 2021	📕 **AMPLIACIÓN DE LA OPCIÓN DE TELETRABAJO**
Seguimos controlando de cerca el impacto del COVID y os escribimos hoy para daros una noticia sobre nuestros planes para el resto del año.	Hasta finales de 2021, todos tenéis la posibilidad (no la obligación) de teletrabajar.

Explica el significado y el contexto

- Escribe las palabras «Por qué es importante» en negrita y añade dos puntos al final.

- Piensa en la persona que encarna tu público objetivo.

- En una frase, de la forma más concisa y simple posible, explica por qué estás compartiendo esta información.

Crea tus propios axiomas

* Piensa en tu sector, personalidad, marca, voz y tono.

DEFINE una versión mejorada de cada uno de estos axiomas para que resuenen entre tu público.

Rellena los puntos siguientes (en 60 segundos o menos)

SMART BREVITY **TU VERSIÓN**

PRÓXIMOS PASOS:

CONCLUSIÓN:

LAS CIFRAS:

EL CONTEXTO:

Usa tus axiomas para proporcionar introducciones a cualquier otra información esencial.

- Divide los posibles bloques de datos o puntos relacionados en listas.

Léelo de nuevo.

- A estas alturas, el texto está bastante bien elaborado. Te has puesto en el lugar del lector. Has conseguido captar su atención y el cuerpo del texto está estructurado de tal manera que resulta fácil hojearlo y provoca ganas de seguir.

Las últimas comprobaciones que hacemos probablemente te resulten familiares:

- **PRECISIÓN**: Verifica que no has omitido detalles necesarios o matices *esenciales* durante el proceso de revisión. Si lo has hecho, recupéralos.

- **COHESIÓN**: Asegúrate de que todo siga fluyendo. A veces se eliminan elementos como las frases de transición para lograr brevedad, pero si la comunicación te parece desarticulada, vuelve a poner los más importantes.

- **HUMANIDAD:** Por encima de todo, asegúrate de ser fiel a tu voz y a tu personalidad. Si tu texto parece abrupto o truncado, es que has ido demasiado lejos. Tómate un momento para darle un poco de vida.

- Sonarás nítido, eficiente, real (y te volverán a oír). Una comunicación de uno a muchos debe sonar mucho más corta, inteligente y auténtica.

POR QUÉ ES IMPORTANTE: No hay duda de que este método también será una revelación para ti. Estos consejos y trucos te ayudarán a ganar la guerra por la atención y a hacer que tu voz resuene a largo plazo.

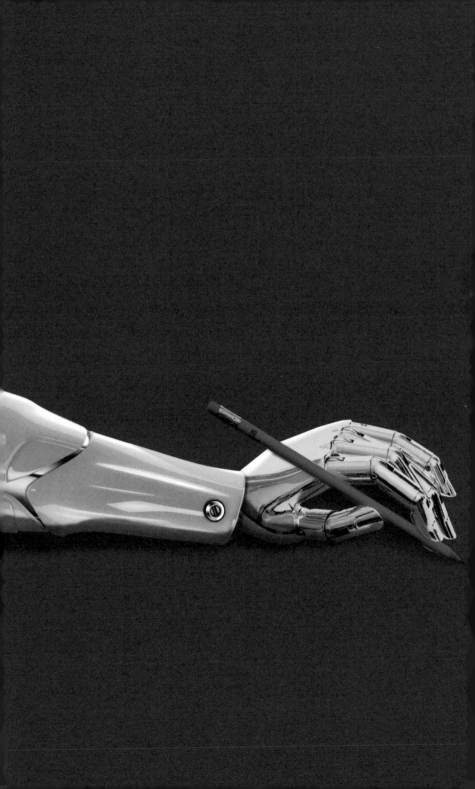

Ahora depende de ti

RECUENTO:

| 333 PALABRAS | 1 ½ MINUTOS |

A partir de ahora vas un paso por delante. Has comprendido la importancia de revisar y reorganizar tus comunicaciones.

POR QUÉ ES IMPORTANTE: Es momento de ponerte a prueba y ver cuánto has aprendido, y dónde puedes pulir tus habilidades.

- Ve a SmartBrevity.com, sube uno de tus textos y descubre tu puntuación y nuestros consejos (en inglés). No dudes en repetirlo varias veces para mejorar.

¡Ve a SmartBrevity.com, sube tu texto y mira la puntuación!

Para utilizar nuestras herramientas en tu organización, empresa, escuela, asociación, equipo o departamento, visita SmartBrevity.com. Encontrarás vídeos, estudios de casos y consejos sobre cómo aplicar nuestro método y comunicar con mayor eficacia.

EL CONTEXTO: Cientos de empresas, asociaciones y administraciones públicas utilizan Axios HQ. Todas han mejorado rápidamente la calidad de sus comunicaciones internas y externas. En otras palabras, el nivel más avanzado de Smart Brevity.

1. Plantillas: Axios HQ tiene docenas de formatos para *newsletters* semanales y generales con las que enviar un informe a un equipo de ventas, a inversores o a consejos de administración.

2. Puntuación Smart Brevity: Nuestra IA da a tu texto una puntuación numérica para que puedas optimizar tu escrito antes de enviarlo y ver tu mejora.

3. Acompañamiento: Mientras tecleas, aparecen consejos que sugieren palabras mejores, estructuras más fuertes, el título perfecto. El *bot* señala titulares que son largos y fragmentos que tienen demasiadas palabras.

4. Colaboración: Nuestro software te permite trabajar en modo colaborativo un documento y también atribuir roles a los diferentes autores.

5. Estadísticas: Sabrás quién ha abierto tu *newsletter* y cuándo. Esto te dará información sobre qué les interesa.

6. Una historia viva: Estas comunicaciones se convierten en una biblioteca útil para que los miembros nuevos del equipo se pongan al día y se apropien de este estilo.

PARA CONCLUIR: Esperamos que las herramientas y trucos de este libro te permitan destacar entre la multitud, comunicarte con una confianza renovada y hacer que te vuelvan a escuchar.

Agradecimientos

Tras la creación de Axios, la brevedad se encuentra en el corazón de nuestra visión. En estos cinco años, Smart Brevity ha sido testado y perfeccionado por los más de 150 periodistas que trabajan actualmente en Axios y por el equipo que compone Axios HQ, que aporta el superpoder del método a empresas y organizaciones.

POR QUÉ ES IMPORTANTE: Smart Brevity empodera. Si sigues los principios de este libro, podrás comunicarte con autoridad e impacto.

Muchísimas gracias a Kayla Brown, la empleada número 1 de Axios, ahora directora de personal de la empresa. El libro no existiría de no ser por ella. Fue capaz de potenciar y sublimar nuestros ingredientes secretos y convertirlos en una obra de arte.

Un agradecimiento especial a:

Autumn VandeHei, la media naranja de Jim y una verdadera maestra de las palabras.

Y Kelly Schwartz, la media naranja de Roy y la columna vertebral de Smart Brevity.

Rafe Sagalyn, uno de los agentes literarios más buscados de Washington, que tuvo la primera visión de este libro.

El equipo de Workman, una editorial legendaria, por creer en el proyecto desde el primer Zoom, y, posteriormente, aportarnos su experiencia para ayudarnos a alcanzar nuestros objetivos.

Gracias a toda nuestra familia de Axios. Este libro no se podría haber hecho sin la magia que desplegáis todos los días.

Un agradecimiento especial a las personas que hicieron lo imposible para que este libro viera la luz: Aïda Amer, Sara Fischer, Qian Gao, Justin Green, Sarah Grillo, Sara Goo, Tristyn Hassani, Emily Inverso, Nicholas Johnston, Danielle Jones, David Nather, Neal Rothschild, Alison Snyder, Jordan Zaslav.

Y a los amigos de Axios a los que entrevistamos para escribir el libro o en los que nos apoyamos para llevar a cabo la investigación: Eddie Berenbaum, Matt Burns, Jon Clifton y el equipo de Gallup, Jamie Dimon, India Dunn, Megan Green, Anna Greenberg y Jason Ashley, Elizabeth Lewis, Alice Lloyd, Geoff Morrell, Lisa Ross, Mark Smith, Ronald Yaros.